Née en 1959 au Sénégal, Khady arrive en France à l'âge de 15 ans. Aujourd'hui, mère de quatre enfants, elle vit en Belgique. Présidente du réseau européen de lutte contre les mutilations génitales et de l'association La Palabre, elle a écrit, en collaboration avec Marie-Thérèse Cuny, *Mutilée* (Oh ! Éditions, 2005).

MUTILÉE

KHADY

MUTILÉE

*Avec la collaboration
de Marie-Thérèse Cuny*

OH! ÉDITIONS

À celles qui souffrent encore et toujours dans leur chair et dans leur âme.

Salindé

New York, mars 2005

Le froid est glacial pour l'Africaine que je suis. Je marche, j'ai toujours marché dans ma vie, à tel point que ma mère me grondait souvent.

— Pourquoi tu marches ? Arrête de marcher ! Tout le quartier te connaît !

Parfois même, elle traçait une ligne imaginaire sur le pas de la porte.

— Tu vois cette ligne ? À partir de maintenant, tu ne la franchis plus !

Ce que je m'empressais de faire, pour aller jouer avec les copines, chercher de l'eau, me promener au marché ou observer le passage des militaires en belle tenue qui défilaient derrière le mur de la concession. « Marcher », pour ma mère, c'était sa façon de dire, en langage soninké, que je courais partout, trop curieuse du monde environnant.

Effectivement, j'ai « marché ma vie » le plus loin possible – aujourd'hui pour l'Unicef, à Zurich, hier à la 49e session de l'ONU, pour l'assemblée générale consacrée à l'engagement des États sur les droits des femmes. Khady est à l'ONU ! La femme militante nommée Khady, l'ancienne gamine au « ventre de sable », comme tous les jeunes enfants

9

africains. La petite Khady allant chercher l'eau à la fontaine, trottinant derrière les grands-mères et les tantes en boubou, portant fièrement sur la tête le pot d'arachides à faire moudre, chargée de rapporter intacte la belle pâte couleur d'ambre nappée dans son huile, et soudain terrorisée de la voir s'étaler par terre ! J'entends encore grand-mère criant après moi :

— Tu l'as fait tomber ? Tu vas voir !

Je la vois descendre les marches du perron, armée de brins de balai en guise de fouet, tandis que les sœurs et les cousines se moquent de moi ! Elle tape sur le dos, sur les fesses, et mon petit pagne de maladroite dégringole à mes pieds ! Les filles volent à mon secours et grand-mère, toujours furieuse, se retourne contre elles :

— Vous la défendez ? C'est vous que je vais taper !

J'en profite pour filer me réfugier chez grand-père, me cacher derrière son lit pliant, là où elle ne pourra pas venir me chercher. Grand-père est mon repère, ma sécurité. Il n'intervient jamais dans les punitions et laisse faire les femmes. Lui ne crie pas, il explique.

— Khady, si on t'envoie faire quelque chose, tu dois te concentrer sur ce que tu fais ! Je suis sûr que tu jouais avec tes copines et tu n'as pas vu le pot se renverser.

Après la fessée méritée, j'ai droit aux câlins de grand-mère et des filles, au lait caillé et au couscous en guise de consolation. Les fesses encore meurtries, je joue à la poupée, assise sous le grand manguier, avec mes sœurs et mes cousines. La petite Khady attend la rentrée de septembre pour aller à l'école, comme tous ses frères et sœurs. Ma mère y tient, nous ne manquerons jamais de cahiers ni de crayons, elle se privera pour cela.

La vie est si douce dans la grande maison des faubourgs de Thiès, ville aux larges avenues bordées de grands arbres, ville paisible, à l'ombre de la mosquée où grand-père et les hommes vont prier dès la première heure de l'aube... Mon père travaille aux chemins de fer, je ne le vois pas très souvent. On m'a confiée, selon la tradition, à la garde d'une grand-mère chargée de mon éducation, Fouley, la deuxième épouse de grand-père, qui n'a pas d'enfant. Chez nous, une femme sans enfant ne doit pas en souffrir. La maison de ma mère est à cent mètres de là, et je fais la navette entre les deux, picorant chez l'une ou l'autre les douceurs de leur cuisine. Grand-père a trois femmes : Marie, la mère de ma mère, est la première épouse, Fouley la deuxième, à qui l'on m'a « donnée » en éducation, et Asta la troisième, que grand-père a épousée après la mort d'un frère aîné, selon la coutume. Elles sont toutes nos grands-mères, des femmes sans âge qui nous aiment indifféremment, nous punissent et nous consolent également.

Dans ma fratrie, nous sommes trois garçons et cinq filles ; la tribu englobe les cousines, les nièces et les tantes. Chez nous, tout le monde est cousin ou cousine, tante ou nièce de quelqu'un et de tous ! Nous sommes impossibles à compter, certains cousins me sont même inconnus. Ma famille est de la caste des nobles, de l'ethnie soninké, des agriculteurs et des commerçants à l'origine. Ils faisaient jadis commerce de tissus, d'or et de pierres précieuses. Grand-père travaillait aux chemins de fer à Thiès et y a fait entrer mon père. Ma famille est une famille de religieux et d'agriculteurs. Ce sont les imams du village. Dans une famille noble, « horé » au sens soninké – une caste qui n'a rien à voir avec la définition de la noblesse européenne –, l'éducation est très stricte. On nous inculque l'honnêteté, la fidélité, la fierté et l'honneur de sa parole, des valeurs et des principes qui nous suivent tout au long de notre vie.

Je suis née juste avant l'indépendance, en 1959, un jour du mois d'octobre. J'aurai donc sept ans en octobre 1966, à ma première rentrée des classes. Jusque-là, j'ai vécu heureuse, entourée de tendresse. On m'a appris la culture dans les champs, la cuisine, les condiments que les grands-mères vont vendre au marché. J'ai eu mon petit banc vers l'âge de quatre ou cinq ans ; grand-mère Fouley l'a fait fabriquer pour moi, car chaque enfant a son petit banc. Il s'y assoit pour manger le couscous, et le range dans la pièce de sa mère, ou de sa grand-mère, celle qui l'élève, le lave, l'habille, le nourrit, le cajole ou le punit. Le petit banc est source de chamaillerie entre les enfants : « Tu m'as pris mon banc ! », « C'est pas ton banc ! », « Rends-lui son banc, c'est l'aînée ! ». On le garde longtemps, jusqu'à ce que le bois craque ou que l'on grandisse et obtienne un banc plus grand. À ce moment-là, on peut léguer son petit banc à un enfant plus jeune.

Grand-mère l'a fait fabriquer et l'a payé pour moi. Je l'ai transporté fièrement sur mon crâne : il est le symbole du passage de la petite enfance, où l'on est assis par terre, au statut d'enfant qui s'assoit et marche comme les grands. Je marche dans les champs, dans les ruelles du marché, entre les flamboyants, les baobabs et les manguiers de la cour, de la maison à la fontaine, de la maison de grand-mère à celle de ma mère, je marche dans une existence protégée, dont la douceur va brutalement cesser.

J'ai marché, depuis mes sept ans, de Thiès à New York, en passant par Rome, Paris, Zurich ou Londres, je n'ai jamais cessé de marcher, surtout depuis ce jour où les grands-mères sont venues me dire : « Aujourd'hui, ma fille, nous allons te purifier. »

La veille, mes cousines sont venues de Dakar pour les vacances scolaires. Il y a ma sœur Daba, six ans, Lélé, Annie et Ndaié, mes cousines germaines, et d'autres cousines plus éloignées, dont j'ai oublié le nom. Une dizaine de gamines entre six et neuf ans, assises, jambes allongées, sur le perron, devant la chambre d'une des grands-mères. Nous jouons au papa et à la maman, à vendre les épices au marché, à cuisiner avec les petits ustensiles en fer que les parents nous bricolent à la maison, et les poupées en bois et chiffon de tissu.

Ce soir-là, nous nous endormons comme d'habitude, dans la pièce d'une grand-mère, d'une tante ou d'une mère.

Le lendemain matin, très tôt, on me réveille, on me douche. Ma mère m'habille d'une robe à fleurs sans manches, en tissu africain, coupée à l'européenne. Je me souviens des couleurs : marron, jaune et pêche. J'enfile mes petites sandales de caoutchouc, mes « tapettes ». Il est très tôt. Personne n'est encore sorti dans le quartier.

Nous traversons le chemin en longeant la mosquée où les hommes sont en train de prier. La porte est grande ouverte et j'entends leurs voix. Le soleil n'est pas encore levé, il commence à faire très chaud. C'est la saison des pluies, mais il ne pleut pas. Dans quelques heures, la température atteindra trente-cinq degrés.

Ma mère me conduit, avec ma sœur, dans la grande maison, chez la troisième épouse de grand-père, une femme d'une cinquantaine d'années, petite, menue, gentille et très douce. Mes cousines sont reçues chez elle pour les vacances et, comme nous, elles sont déjà lavées, habillées, et attendent, petit troupeau bien propre, rassemblé là, innocent et vaguement inquiet. Ma mère repart en nous laissant. Je la regarde s'éloigner, mince et fine – un mélange de sang maure et peul. Ma mère est une grande dame, que je connais mal à l'époque, mais qui a élevé ses enfants, filles et garçons, sans discrimination. École pour tous, corvées pour tous, punitions et tendresse pour tous. Mais elle s'en va et ne nous dit rien.

Il se passe quelque chose de particulier, car les grands-mères vont et viennent en discutant mystérieusement entre elles, tout en nous tenant à l'écart. Sans savoir ce qui m'attend, je sens bien que ces palabres sont inquiétantes. Soudain, l'une des grands-mères appelle le troupeau de gamines, car la « dame » est arrivée. Vêtue d'un immense boubou indigo et bleu nuit, portant de grandes boucles d'oreilles, elle est petite et je reconnais son visage. La dame est une amie de mes grands-mères, de la caste des forgerons. Dans sa caste, ce sont les hommes qui travaillent le fer, « coupent » les petits garçons, et les femmes qui « coupent » les petites filles. Deux autres femmes sont également présentes, des matrones fortes aux bras solides que je ne reconnais pas. Mes cousines, plus grandes, savent peut-être ce qui nous attend, mais elles n'ont rien dit aux autres.

Dans la langue soninké, la grand-mère nous annonce que nous allons être *salindé* pour « pouvoir prier », ce qui veut dire, dans notre langue, « être purifiées pour accéder à la prière ». En français : « excisées ». On dit aussi : « coupées ».

14

Le choc est brutal. Je sais maintenant ce qui m'attend : cette chose dont les mamans parlent de temps en temps à la maison comme s'il s'agissait d'une accession à une dignité mystérieuse. Il me semble, à cet instant, revoir des images que j'avais certainement refoulées. Les grandes sœurs sont passées par là, instruites par les grands-mères qui ont le privilège de diriger la maison et l'éducation des enfants. Quand une fille naît, après le baptême du septième jour, ce sont elles qui se chargent de lui percer les oreilles avec une aiguille, de glisser le fil noir et rouge qui empêchera le trou de se refermer. Elles s'occupent des mariages, des accouchements, des nouveau-nés, ce sont elles qui ont décidé de notre purification.

Les mères sont parties. Un abandon étrange sur le moment, mais je sais maintenant qu'aucune mère, même ayant le cœur solide, ne peut supporter la vision de ce que l'on va faire à sa fille, et surtout ses cris. Elle sait de quoi il s'agit, puisqu'elle l'a subi, et, lorsqu'on touche à son enfant, c'est sa chair qui saigne de nouveau. Pourtant elle l'accepte, parce que c'est ainsi, et qu'elle n'a pas d'autre voie de réflexion que ce rituel barbare prétendument « purificateur pour pouvoir prier », arriver vierge au mariage et rester fidèle.

C'est une supercherie d'avoir maintenu les femmes africaines dans ce rituel, qui n'a absolument rien à voir avec la religion. Dans nos pays d'Afrique noire, l'excision est pratiquée aussi bien par les animistes, les chrétiens, les musulmans que les juifs falashas. L'origine en remonte à bien des siècles avant l'arrivée de la religion musulmane. Les hommes l'ont voulue pour plusieurs mauvaises raisons : assurer leur pouvoir, croire que leurs épouses n'iraient pas vers d'autres géniteurs, ou que les hommes des tribus ennemies ne les viole-raient pas! D'autres explications, encore plus absurdes, voudraient que le sexe des femmes soit impur, diabolique; le clitoris, diabolique lui-même, en touchant la tête de l'enfant à la naissance, le condamnerait à on ne sait quel malheur, voire à la mort. Certains ont pensé aussi que cette fausse représentation d'un pénis minuscule portait ombrage à la virilité masculine.

Seule la domination en est la vraie raison. Et ils en ont confié l'exécution aux femmes, car il était hors de question pour un homme de « voir » ou de « toucher » cette intime partie de la sexualité féminine, même à l'état d'embryon.

À sept ans, j'ignore totalement que, comme toutes les filles, je suis nantie d'un clitoris, et à quoi il sert. Je ne l'ai jamais remarqué, et je ne le verrai plus. La seule chose qui compte, ce matin-là, c'est l'annonce d'une douleur effroyable dont j'ai entendu quelques vagues échos qui ne semblaient pourtant pas me concerner. Le souvenir d'une mère ou d'une grand-mère menaçant, par exemple, un petit garçon indocile avec un couteau, ou une paire de ciseaux, d'un geste significatif en tirant sur son petit appendice, accompagné d'une parole terrible pour lui : « Si tu n'obéis pas, je te coupe ! » Le gamin s'enfuit toujours devant cette promesse castratrice dont il a le souvenir cuisant, à la différence qu'il n'en souffrira pas plus tard, et qu'il s'agit dans ce cas d'une coutume essentiellement hygiénique. Mais je les ai vus marcher bizarrement comme des canards, s'asseoir ensuite avec difficulté et pleurnicher pendant deux ou trois jours, parfois une bonne semaine. Je me sentais alors à l'abri, puisque j'étais une fille.

J'ignore, en 1967, ce que représente pour moi dans l'avenir cette sanglante coupure intime. Elle me mènera cependant au long d'une marche de vie difficile, et parfois cruelle, jusqu'en 2005, à l'ONU.

Mon cœur se met à battre très fort. On cherche à nous convaincre qu'il ne faut pas pleurer lorsqu'on est purifiées. Il faut être courageuses. Les grands-mères savent très bien que nous sommes jeunes et que nous allons forcément hurler et pleurer, mais elles ne parlent pas de douleur. Elles disent : « Ça ne dure pas longtemps, tu auras mal d'un coup, mais après c'est fini, alors sois courageuse. »

À ce moment-là, je n'aperçois aucun homme autour de nous. Ils sont à la mosquée, ou aux champs avant la grande chaleur. Personne vers qui me réfugier, et surtout pas mon grand-père. À cette époque, les traditions du village sont encore pesantes, et, pour nos mères et nos grands-mères, il fallait le faire, un point, c'est tout. Elles-mêmes ne se posaient pas de questions, par rapport au fait que nous vivions maintenant en ville, par exemple, ou à ce qui se passait dans les autres maisons, celles des Wolof. Dans ma rue, nous n'étions que deux familles à pratiquer la *salindé* : celle venue de Casamance, des Mandingues, et la nôtre, les Soninké. Plus loin, il y avait aussi les Toucouleur et les Bambara, qui perpétuent la même tradition. Mais c'est une pratique qui demeure secrète, dont on ne parle pas, surtout avec les Wolof. Des choses qui ne devaient pas se dire. Nos parents avaient dans l'idée de nous marier plus tard à des cousins de la même famille. Il leur fallait de vraies femmes soninké, traditionnelles. Personne ne pensait qu'un jour il y aurait des mariages mixtes, entre ethnies différentes.

Soninké, Sérères, Peuls, Bambara ou Toucouleur sont des ethnies immigrées venues à la ville. Et comme dans toute famille immigrée, les parents s'efforcent de ne pas oublier le village, et de transmettre ses traditions aux enfants. Il en est de bonnes, celle-ci est effroyable.

Les filles se taisent, figées par la peur, au point probablement de faire pipi dans leur culotte. Mais aucune ne tente de se sauver, c'est impensable. Même si nous cherchons des yeux quelqu'un susceptible de nous sortir de là. Peut-être le grand-père... Si lui-même avait été conscient de la gravité de cet acte, il aurait pu intervenir. Mais je ne pense pas qu'il ait été mis au courant. Les femmes accusent les hommes d'être les instigateurs, mais dans beaucoup de villages on ne dit rien aux pères, sauf si l'excision se fait en rituel d'initiation collective et que tout le village est informé. Dans les grandes villes, la chose se pratique au sein des maisons, et même en cachette, de façon à ce que les voisins ne soient pas avertis. Mon père n'était pas là, on ne lui avait pas demandé son avis, pas plus qu'à mon grand-père maternel. C'est une histoire de femmes, et nous devons devenir des femmes semblables.

Elles ont déroulé deux grandes nattes, l'une devant la porte d'une chambre, l'autre à l'entrée de la douche intérieure. Cette chambre ressemble à toutes celles des femmes de la famille : un grand lit, un petit buffet et des malles de fer qui contiennent les biens de chaque femme. Une porte pour accéder au réduit de la douche – un trou dans le ciment et une jarre d'eau – ainsi qu'à la remise pour les provisions. D'autres vêtements qui nous sont destinés sont déjà étalés sur le lit. Je ne sais plus qui a été appelé la première, tellement j'avais la trouille. On était là, à vouloir regarder avec des grands yeux pour savoir comment ça se passait, mais les grands-mères nous l'ont interdit fermement.

— Pousse-toi de là! Va t'asseoir! Va t'asseoir sur le palier!

Pas le droit de regarder ce qu'on fait à l'autre. À l'intérieur, à ce moment-là, il y a trois ou quatre femmes, et une petite fille. Lorsque j'ai entendu les cris épouvantables de cette petite fille, mes larmes ont coulé. Il n'y avait plus d'échappatoire, il fallait y passer. J'étais la quatrième ou la cinquième à attendre, assise, jambes allongées, sur ce perron, tremblant à chaque hurlement, tout mon corps crispé par les hurlements des autres.

Deux femmes m'ont attrapée et traînée dans la pièce. L'une, derrière moi, me tient la tête et ses genoux écrasent mes épaules de tout leur poids pour que je ne bouge pas; l'autre me tient aux genoux, les jambes écartées. L'immobilisation dépend de l'âge de la petite fille, et surtout de sa précocité. Si elle remue beaucoup, parce qu'elle est grande et solide, il faudra plus de femmes pour la maîtriser. Si l'enfant est petite et maigrichonne, elles sont moins nombreuses. La dame chargée de l'opération dispose d'une lame de rasoir par fille, que les mères ont achetée pour l'occasion.

Elle tire avec ses doigts, le plus possible, ce minuscule morceau de chair et coupe comme si elle tranchait un morceau de viande de zébu. Malheureusement, il lui est impossible de le faire en un seul geste. Elle est obligée de scier.

Les hurlements que j'ai poussés me résonnent encore aux oreilles. J'ai pleuré, crié.

— Je vais le dire à mon père, je vais le dire à grand-père Kisima! Kisima, Kisima, Kisima, viens, viens, elles sont en train de me tuer, viens me chercher, elles sont en train de me tuer, viens... Ma! Viens! Baba, Baba, où est-ce que tu es, Baba? Quand mon père va arriver, il va vous tuer, il va vous tuer, il va vous tuer...

19

La femme coupe, cisaille et se moque en même temps d'un sourire tranquille, l'air de dire : « Mais oui, quand ton père va venir, il va me tuer, c'est ça... »

J'appelle toute ma famille au secours, grand-père, père et mère en boucle, il faut que je sorte des mots, que je hurle ma protestation en face de cette injustice. Les yeux fermés, je ne veux pas voir, je ne peux pas voir ce que cette femme est en train de mutiler.

Le sang a giclé sur sa figure. C'est une douleur inexplicable, qui ne ressemble à aucune autre. Comme si on m'attachait les boyaux. Comme s'il y avait un marteau à l'intérieur de ma tête. En quelques minutes, je ne sens plus la douleur à l'endroit précis, mais dans tout mon corps, soudain habité par un rat affamé, ou une armée de fourmis. La douleur est entière de la tête aux pieds, en passant par le ventre.

J'allais m'évanouir lorsqu'une des femmes m'a aspergée d'eau froide pour laver le sang qui avait giclé sur mon visage, et m'a empêchée de perdre connaissance. À ce moment précis, j'ai pensé que j'allais mourir, que j'étais déjà morte. Je ne sentais plus réellement mon corps, seulement cette affreuse crispation de tous les nerfs à l'intérieur, et ma tête qui allait exploser.

Pendant cinq bonnes minutes, cette femme coupe, cisaille, tire et recommence pour être sûre qu'elle a bien tout enlevé, et j'entends, comme une litanie lointaine :

— Calme-toi, c'est presque fini, tu es une fille courageuse... Calme-toi... Ne bouge pas ! Plus tu bouges et plus ça fait mal...

Lorsqu'elle a arrêté de cisailler, elle éponge le sang, qui coule en abondance, avec un morceau de tissu trempé dans l'eau tiède. On m'a dit plus tard qu'elle y ajoute un produit de sa fabrication, désinfectant je suppose. Ensuite, elle applique du beurre de karité mélangé à de la suie, noire, pour éviter les infections, mais durant toute l'opération elle n'explique rien.

Quand c'est fini :

— Lève-toi, maintenant !

Elles m'aident, car je sens qu'à partir des reins jusqu'en bas des jambes, c'est le vide, et je ne peux plus tenir debout. Consciente de la douleur dans ma tête, où le marteau cogne furieusement, et plus rien dans les jambes. Mon corps est coupé en deux.

J'ai haï cette femme à ce moment-là. Et déjà elle allait passer à une autre, avec une autre lame, pour la même douleur.

Mes grands-mères m'ont récupérée, essuyée avec un tissu neuf, habillée d'un pagne neuf, et il faut sortir de la chambre. Comme je ne peux pas marcher, elles me portent sur le palier et m'installent sur la natte avec les autres filles déjà coupées, qui pleurent toujours. Et je pleure aussi alors que la suivante, terrorisée, a pris ma place, de force, dans la chambre des tortures.

C'est une douleur que je n'ai jamais réussi à définir. Je n'ai rien connu d'aussi violent au cours de mon existence. J'ai accouché, souffert de coliques néphrétiques – chaque douleur est différente. Ce jour-là, j'ai cru mourir et pensé ne plus me réveiller. J'ai même prié pour ne plus me réveiller. La douleur était tellement forte que je voulais m'endormir, tomber dans les pommes. Cette violence faite à mon corps d'enfant, je ne la comprenais pas, personne ne m'en avait avertie – ni les sœurs aînées ni les copines plus âgées, personne. Elle était donc totalement injuste et de cruauté gratuite, car inexplicable. De quoi me punissait-on ? Cette chose, qu'on avait cisaillée à coups de lame de rasoir, servait à quoi ? Pourquoi me l'enlever puisque j'étais née avec ? Je devais porter un mal en moi, quelque chose de diabolique qu'il fallait extirper pour me permettre de prier devant Dieu ? Incompréhensible.

Nous sommes restées allongées sur la natte, jusqu'à ce que la dernière s'y écroule en pleurant. Quand la « dame » forgeronne a terminé sa tâche et fini de couper tout le monde, les femmes ont nettoyé la pièce du sang des « purifiées », avant de sortir de la chambre. Alors enfin les mamans, les grands-mamans sont venues nous consoler.

— Arrête de pleurer, tu as été courageuse, on ne pleure pas comme ça. Même si on a mal, on est courageuse, parce que c'est fini, tout s'est bien passé... Arrête de pleurer.

Mais on ne peut pas s'arrêter. Pleurer est nécessaire, notre seule défense.

Et les jeunes garçons de la maison nous regardent en silence, pétrifiés par les traces de sang et les pleurs de leurs camarades de jeu.

Cette femme qui m'a coupée, je la connaissais. Elle est toujours vivante aujourd'hui. Grand-mère Nionthou, de la caste des forgerons, avait le même âge que mes autres grands-mères, elle allait au marché en même temps qu'elles et les fréquentait régulièrement en sa qualité de « femme castée » dévouée à notre famille. Une épouse de forgeron est chargée de l'excision des filles, son mari de la circoncision des garçons. Ainsi court à cette époque la tradition de la salindé de village en ville, et jusque dans la seconde capitale économique du pays, Thiès.

Grand-mère Nionthou revient le soir même pour les soins, le lendemain, et tous les matins suivants.

La première journée est atroce de douleurs. Allongée. Incapable de me retourner, ni à gauche ni à droite, seulement de me poser sur les fesses, en m'aidant de mes mains pour les soulever un peu et tenter de soulager la douleur. Mais ça ne soulage rien. Le besoin d'uriner alors qu'on ne peut pas est une douleur supplémentaire. Nulle consolation n'y peut rien. Même le petit déjeuner traditionnel, le *lakh*, de la bouillie de mil et de lait caillé, fait en notre honneur. Aucune de nous ne veut l'avaler. Même la danse de l'une des grands-mères qui frappe dans ses mains avec des youyous pour célébrer notre bravoure. Quelle bravoure ? Moi, je n'en ai pas eu, et je me réjouis de ne pas en avoir eu. En ce temps-là, les mamans, les tantes et les grands-mères offraient à l'exciseuse soit un pagne, du riz, du mil ou un boubou, soit un petit billet vraiment pas très important.

C'est à l'heure du déjeuner que je me suis rendu compte qu'un ou deux moutons avaient été égorgés pour célébrer l'événement. Donc, les hommes étaient au courant, car on ne décide pas de tuer un mouton sans eux. Et j'ai vu la famille se régaler, après nous avoir présenté un plat que nous étions incapables d'avaler. Je suis restée près de deux jours sans rien manger. Sauf le soir, où on nous a donné de la soupe supposée calmer la douleur. Il fallait aussi boire de l'eau à cause de la chaleur. L'eau fraîche soulageait une ou deux secondes. Mais les soins sont douloureux. Le sang a coagulé et la « dame » le racle encore avec sa lame de rasoir. Alors qu'une bassine d'eau tiède nous soulagerait, il faut qu'elle tire, gratte, avec cette maudite lame. Et je ne peux pas dormir, allongée, les jambes écartées – j'ai si peur de les rapprocher instinctivement et de raviver la douleur. On cherche ce qui pourrait nous calmer, et on ne trouve rien. De l'eau, il faudrait pouvoir se tremper dans l'eau et ne plus en sortir, mais il n'en est pas question tant que la cicatrice ne se fait pas.

— Lève-toi un peu et essaie de marcher.

Impossible, je refuse. Je ne cesse de pleurer que pour somnoler vaguement, de fatigue et de désespoir, car personne n'est venu me sauver. Le soir, on m'oblige à me lever pour dormir dans la chambre avec les autres, une dizaine d'éclopées allongées sur une natte, les jambes en crabe. Personne ne parle, il semble qu'une chape de plomb ait étouffé notre joyeuse enfance. Chacune a sa propre douleur, identique à celle de l'autre certainement, mais dont on ne sait pas si elle la subit de la même manière. Est-ce que je suis moins courageuse que les autres ? Dans mon esprit, tout est confus. Je ne sais pas à qui en vouloir. À cette dame que j'ai haïe sur le coup ? À mes parents ? À mes tantes ? À mes grands-mères ? Je crois que j'en veux à tout le monde. J'en veux à la vie. Lorsque j'ai compris ce qui m'attendait, j'avais une grande peur pour ce que j'espérais être une toute petite chose. Je ne savais pas qu'on allait couper si profondément, et que la douleur était si intense qu'elle durerait aussi longtemps, plusieurs jours, avant de s'atténuer. Les grands-mères ont apporté des infusions de plantes pour nous rafraîchir le front, des bouillons chauds à boire pour décrisper le ventre.

Les jours passent et la douleur s'atténue lentement, mais, psychologiquement, elle est là. Même si on n'a plus mal physiquement, quatre jours après, c'est dans la tête qu'on souffre. Elle bout à l'intérieur, comme si elle allait exploser. Peut-être parce que je ne pouvais pas la tourner d'un côté ou de l'autre, allongée à plat sur ma natte, peut-être parce que j'ai mis deux jours à uriner. C'était ça le plus dur. Les grands-mères nous expliquent que, plus on garde l'urine, plus on a mal. Elles ont raison, mais il faut pouvoir le faire, et j'ai peur, car la première qui a essayé d'uriner n'y est pas arrivée, et je l'ai entendue pousser des cris horribles, comme si on la coupait encore. Les autres se retiennent depuis. Certaines ont été plus courageuses et se sont libérées le soir même. Moi, je n'ai pas pu avant deux jours, dans des douleurs supplémentaires. J'ai crié encore, et tellement pleuré... Une bonne semaine de soins, des pansements réguliers, matin et soir, au beurre de karité, avec des plantes pilées aussi mystérieuses que les mots que la femme marmonne en appliquant cette mixture noircie de cendre. Cette litanie, mêlée de prières, est supposée éloigner les mauvais sorts et nous aider à bien guérir. Et on y croit, même si l'on n'y comprend rien. Cette femme me lave la cervelle en bredouillant des choses qu'elle est seule à connaître, ainsi le sang cessera de couler, ainsi je serai à l'abri du mauvais œil.

Puis le grand-père et les hommes réapparaissent petit à petit. Je suppose qu'ils ont attendu que les cris et les pleurs cessent. Je me souviens de grand-père posant sa main sur ma tête et récitant une prière de quelques minutes avant de repartir sans autre consolation.

Mais je ne lui dis rien. Je ne l'appelle plus au secours, c'est fini, ce n'est plus la peine. Pourtant, il n'avait pas son regard des jours heureux. Lorsque j'y repense, je me dis que peut-être il n'était pas content ce jour-là... Et il ne pouvait rien faire : interdire à ces femmes ce rituel qu'elles avaient subi elles-mêmes lui était impossible.

Il ne reste plus qu'à croire les femmes.

— Bientôt, tu vas oublier, tu pourras courir et marcher comme avant.

Une fois la douleur passée, on peut oublier. Et c'est ce qui s'est produit, après une grande semaine. Une chose a changé définitivement en moi, mais je ne m'en rends pas compte. Il m'a fallu du temps avant de pouvoir regarder la cicatrice. Je devais avoir peur, et puis ce n'est pas dans les mœurs que les femmes nous enseignent. Elles nous apprennent à le laver, ce sexe auquel on ne prête pas d'autre attention que celle de la propreté indispensable. Il ne faut jamais l'oublier, sous peine de dégager des odeurs mauvaises, les mères nous le répètent souvent.

Trois ou quatre semaines après, une fois les cousines rentrées chez elles, à Dakar, chacune ayant repris le cours de sa vie normale, un jour, en me lavant, j'ai eu la curiosité de chercher ce qu'on m'avait enlevé. Il n'y avait rien qu'une cicatrice devenue dure, je l'ai effleurée de ma main car c'était encore douloureux, et j'ai supposé que c'était là qu'on avait coupé. Mais quoi ?

Durant près d'un mois et demi, j'ai ressenti cette douleur intérieure, comme un bouton qui n'aurait pas le pouvoir de sortir. Puis je n'y ai plus pensé du tout, je n'ai même pas posé de questions. Je ne m'en suis pas posé à moi-même. Les grands-mères avaient raison, on oublie. Personne ne nous avertit que notre future vie de femme ne sera pas la même que celle des autres. Un jour, une dame wolof du quartier est venue dans la maison. Elle faisait des voyages au Mali, et connaissait bien le sujet. Ce jour-là, deux petites cousines venaient d'être coupées. Et j'ai entendu cette dame dire tout haut :

— Ah ! mais, vous, les Soninké, vous continuez à faire vos actes de barbarie, là... ? Vous n'êtes pas

26

réveillés, vous restez sauvages ! Ces actes-là, c'est sauvage !

Elle a parlé en riant, sous forme de plaisanterie, comme c'est la coutume en Afrique pour ne pas blesser son interlocuteur. Je n'y ai pas prêté attention avant une bonne dizaine d'années, lorsque j'ai commencé à comprendre que mon destin de femme soninké partait de là, de cette coupure intime qui me retranchait pour toujours d'une sexualité normale. Qu'il y avait à l'origine, en moi, une fleur inconnue qui ne fleurirait jamais.

Et nous étions beaucoup d'Africaines à croire que la normalité, c'était ça. Nous transformer en femme soumise au seul plaisir d'un homme. Qui n'aurait plus qu'à ramasser la jeune fleur coupée pour lui, et à la regarder se faner avant l'âge.

Dans un coin de ma tête, je suis toujours assise sous le manguier de la maison de mes grands-parents, là où j'étais heureuse et physiquement intacte. Prête à devenir adolescente, puis femme, prête à aimer car j'en aurais eu forcément le désir... On me l'a interdit.

Grandir

Grand-mère Fouley n'est plus. Son visage bien-veillant, son allure paisible n'ont jamais disparu de ma mémoire. C'est l'image lumineuse qui me reste d'elle. Ce mauvais jour de l'excision, elle ne m'aurait pas « sauvée » de la barbarie, mais m'aurait consolée mieux que personne, et m'a ter-riblement manqué. Durant cette longue semaine de souffrance, allongée sur ma natte, endolorie, malheureuse, humiliée, je songe à elle, je la vois dans son grand boubou bleu ciel à fleurs blanches. Elle marche d'un pas assuré, rassurant, ferme, ni trop rapide ni trop lent, sauf lorsqu'elle va aux champs car il faut se dépêcher avant que le soleil soit haut, et en revenir aussi, avant qu'il flambe à l'heure de midi. Si je me presse, c'est probable-ment depuis l'époque où je la suivais.

Pour aller au marché, l'allure est plus sereine, son panier sur la tête est rempli d'épices, de pâte d'arachide, de poudre de gombo et de morceaux de papier bien pliés, récupérés de sacs de ciment, afin de servir les acheteurs.

Grand-mère me tient par la main, ses deux coé-pouses l'accompagnent et je cours à la remorque de ces trois boubous. Au marché, les trois femmes s'installent sur la même ligne, chacune devant sa vieille table en bois, qu'elles recouvrent d'une nappe en plastique. Les places sont réservées d'avance et on paie une taxe chaque jour auprès du fonctionnaire de la commune, que l'on appelle « duty ». Il vient en fin de matinée récupérer son dû. À chaque jour une taxe, que l'on ait vendu ou non sa marchandise. Le tarif est le même, sauf pour les grandes tables. Mais, pour les petites tables de mes grands-mères, il en coûte entre vingt-cinq et cinquante francs CFA.

Je reste assise sur un petit banc pour les regarder faire. De temps en temps, grand-mère va aux toilettes, ou acheter du poisson lorsqu'il a été pêché en abondance, car il est beaucoup moins cher, ces jours-là. Alors, je prends fièrement sa place. Si quelqu'un passe, je dois d'abord annoncer le prix, ensuite je récupère l'argent et le glisse sous la petite nappe en plastique. Je vends ainsi les petits sachets préparés par grand-mère, mais, si une personne veut de la pâte d'arachide, je demande à une des autres grands-mères de la servir avec une cuillère, car je suis encore trop petite pour estimer le prix et le nombre de cuillères demandé. Si l'une des grands-mères s'est absentée et que ses marchandises sont encore sur la table, une autre se lèvera toujours pour la remplacer et mettre l'argent de côté pour elle. Dans ma famille, je n'ai jamais connu de disputes graves entre les femmes dans la maison de grand-père. Elles vivent la polygamie traditionnelle sans conflit.

Vers midi, on range les petits sachets invendus dans le panier, on replie soigneusement la nappe en plastique par-dessus, la table est retournée les pieds en l'air, le banc à côté, et on s'en va pour revenir le lendemain. Mes grands-mères ne vont au marché que s'il y a un surplus d'épices à vendre. Le produit des cultures est d'abord destiné à la nourriture de la famille. On ne cultive pas pour vendre, le but est d'abord de manger à sa faim. On ne vend donc que les épices et la pâte d'arachide, le mil ni le riz ne sortent jamais des greniers. Il arrive qu'il n'y ait rien de plus à vendre, mais nous mangeons toujours à notre faim. Si les sacs de riz ou de mil sont vides, la solidarité des femmes du quartier, de quelque caste qu'elles soient, mandingue, wolof, sérère ou forgeronne, musulmane, chrétienne ou animiste, ne cesse jamais de s'exercer. Elle est notre force, comme celle de nos familles, traditionnellement soudées, même dans l'immigration. Et dans ces familles, le petit enfant est roi. Il faut beaucoup d'enfants pour assurer la vieillesse des parents et grands-parents. Chez nous, mis à part les fonctionnaires, pas de sécurité sociale, pas de retraite, pas de RMI, c'est l'univers de la débrouille, de la récupération de tout, et des petits commerces.

Un jour de printemps, en rentrant du marché, vers onze heures, grand-mère Fouley remplit son seau dans l'arrière-pièce, pour aller se doucher et partir à la mosquée pour la prière du vendredi, et, soudain, elle tombe brutalement devant moi. Je suis seule à côté d'elle. Je crie en courant chercher de l'aide, en pleurant :

— Grand-père ! Grand-mère est tombée ! Vite !

Grand-père est très grand, surtout pour moi qui ai à peine sept ans. Il doit mesurer près de deux mètres, et sa force physique est impressionnante.

Il la soulève d'un seul coup et la porte jusqu'à son lit.

— Arrête de pleurer, donne-moi un drap pour la couvrir et appelle tes tantes.

Toutes les femmes accourent, et je reviens m'asseoir près d'elle. Elle n'est pas évanouie, elle parle, elle prie pour moi.

— Sois toujours courageuse dans la vie, que le bon Dieu t'aide, que tu aies sa bénédiction...

La voix est encore claire, puis doucement la prière se perd en un murmure de plus en plus faible. Les adultes croient d'abord à un simple malaise, grand-père s'efforce de la calmer. De rassurer les enfants. Mes deux cousines sont arrivées à son chevet et grand-mère prie maintenant pour nous trois, les enfants qu'elle élève, d'une voix presque inaudible.

— Soyez toujours obéissantes et respectueuses, comme vous l'êtes avec moi, je prie pour que vous restiez toujours unies, ne dispersez pas la famille...

Et petit à petit sa voix s'éteint, elle sombre dans un demi-coma. Les femmes lui tamponnent le front avec de l'eau fraîche, lui massent les jambes. Toute la famille est désormais près d'elle à veiller, à préparer des pommades, tout ce qui pourrait la soulager.

Mais de quoi? Pourquoi est-elle tombée si soudainement à cinquante-cinq ans? Je ne le saurai jamais.

C'est un vendredi. Personne n'a pensé à l'emmener immédiatement à l'hôpital. Les soins, à cette époque, et encore de nos jours au Sénégal, sont difficilement accessibles et très chers. Grand-père a cependant envoyé chercher le médecin-chef de la région de Thiès (un oncle de la famille), mais il n'a pas confié au messager la gravité de son état, et l'oncle médecin n'arrive qu'en fin d'après-midi.

Il me paraît très mécontent en s'adressant respectueusement à grand-père.

— Cette fois-ci, je l'amène à l'hôpital, je ne t'écoute pas!

Grand-père ne va jamais lui-même à l'hôpital lorsqu'il lui arrive d'être souffrant. Sa propre résistance, due peut-être à ses origines peules et soninké, le trompe sur la faiblesse des autres, et je crois comprendre que grand-mère a déjà eu des alertes de santé auparavant. J'aurais voulu l'accompagner à l'hôpital et la veiller, mais les enfants ne peuvent pas, seules ses coépouses sont chargées de la soigner, là-bas. Lorsqu'une personne est admise à l'hôpital, il est de rigueur qu'un membre de sa famille l'y assiste pour les soins.

Sans ma grand-mère, je suis perdue. Je ne dormirai pas cette nuit-là.

Le soir du samedi, vers huit heures, les deux autres grands-mères ont crié, en sortant du taxi : « Fouley est morte ! »

Je suis devant le perron de la chambre de grand-mère, et ce cri résonne dans ma tête pour toujours. Je suis confrontée à la mort pour la première fois de ma vie. Grand-mère Fouley est ma référence, je connais assez mal ma propre mère, qui m'a confiée très tôt à sa garde.

Grand-père retourne dans sa chambre tout seul ; il doit prier un long moment, avant de ressortir pour dire aux femmes d'arrêter de pleurer.

— Pleurer ne sert à rien, ce n'est pas bon, les larmes versées sont de l'eau chaude qui retombe sur son corps. Il vaut mieux prier pour elle !

Cette formule traditionnelle que j'entends pour la première fois est destinée à calmer les femmes en pleurs.

C'est le vide. La première injustice dont je suis consciente. Pourquoi elle ? Pourquoi part-elle ? Les grands-mères se rendent bien compte de mon désespoir et de celui de mes cousines, les trois petites-filles qu'elle élevait viennent de perdre le rempart de leur vie. Elles s'efforcent de nous consoler, sans grand résultat.

Hier, sa chambre était déjà vide, et elle va rester vide. Je ne ressens que cela, le vide, que je remplis vainement de mes larmes. Le dimanche matin, on la ramène de l'hôpital à la maison, car il faut procéder très vite à l'inhumation.

Dans les années 1960, il n'y a pas de téléphone : il faut faire une liste des noms des proches de la famille que l'on fait porter à la radio nationale, laquelle la diffuse le lendemain. Chaque membre de cette famille doit être informé du départ de l'un de nous.

Au Sénégal, encore aujourd'hui, on entend régulièrement ce genre d'annonce. Que ce soit un ministre, un président, le directeur de quelque chose, ou le paysan le plus pauvre, chaque individu est important lorsqu'il disparaît, et toute sa famille – elle est forcément nombreuse dans les villages d'origine – doit être au courant du malheur.

J'ai déjà entendu, sans trop y faire attention, ces communiqués. J'ai déjà vu passer des processions d'enterrement, jusqu'à la mosquée, près de la maison de grand-père. Mais, à six ou sept ans, la mort est encore virtuelle, elle ne concerne que les autres et n'a pas de réalité.

Cette fois, c'est le nom de ma grand-mère qui résonne sur les ondes pour annoncer que Dieu l'a rappelée. J'entends l'annonce à midi, ce sombre dimanche de printemps. Je n'irai plus aux champs avec elle, elle ne me portera plus sur son dos. Dès l'âge de cinq ou six ans, elle m'emmenait avec elle, parfois grimpée sur l'âne de grand-père, parfois sur son dos. J'avais mon petit outil, la daba, pour gratter la terre, enlever les mauvaises herbes, qui collaient autour des cacahuètes. Mais j'allais plutôt m'allonger sous un arbre. Dans l'un des champs, il y avait un fromager, dans l'autre une sorte d'acacia, dans un autre encore un neem, énorme, aussi gros qu'un baobab mais au feuillage toujours vert, qui donne des fruits très amers, immangeables. On utilise ses feuilles en décoction pour les massages, en cas de fatigue ou de fièvre. Je courais dans tous les sens dans le champ, je me reposais sous un arbre, puis je reprenais mon outil pour cinq minutes.

— Oh ! que je suis fatiguée, grand-mère...

Elle me portait sur son dos il n'y a pas si longtemps encore, et grand-père lui disait :

— Mais tu es folle, cette enfant a sept ans !

Un jour, j'ai failli me faire renverser par un vélo devant la porte de la maison, et ma grand-mère m'a portée pratiquement toute la journée. Tout le monde riait, même grand-père.

— Si, demain, tu as mal au dos, ne viens pas te plaindre !

Les femmes ont habillé son corps de sept mètres de tissu blanc. On la transporte ainsi, sur un brancard, vers la mosquée. Les hommes restent debout, derrière, pour prier. La famille sort des pagnes, des tissus de cérémonie, tissés à la main, dont on recouvre ensuite le corps pour l'amener jusqu'au cimetière. Puis on retire les pagnes pour la mise en terre.

Grand-père a rapporté un peu de sable de la tombe et une femme nous dit :

— Vous trois, vous allez mettre ce sable dans votre seau d'eau et vous rincer le corps avec.

Une fois douchées ainsi, on nous recouvre la tête des pagnes qui ont accompagné grand-mère jusqu'à sa tombe. On m'a expliqué plus tard la raison de ce rituel : pour que la douleur s'atténue, que les cauchemars ne nous torturent pas, mais que l'on n'oublie pas la défunte.

La sœur de grand-mère, qui vit au Congo, n'a pas pu assister à l'enterrement et n'est arrivée que quelques jours plus tard. Le corps n'attend pas en Afrique, il faut enterrer tout de suite. Grand-père était très strict à ce sujet, il ne faut pas garder les corps à la maison, ne pas faire de grandes et coûteuses cérémonies durant des jours entiers, comme certaines familles, qui lui faisaient dire : « Tu perds quelqu'un et tu perds ta fortune »

Quand cette tante est venue, j'étais déjà inscrite à l'école. Après quelques semaines, elle devait repartir au village avec mes deux cousines, ses deux filles. Pour elle, il était naturel que je vienne vivre avec elles ; puisque c'était sa sœur qui nous élevait toutes les trois, c'était à elle de prendre la relève. Grand-mère Fouley avait commencé notre éducation, c'était à sa sœur, traditionnellement, de la terminer.

À ce moment-là, depuis la mort de ma grand-mère, je me réfugie plus souvent chez ma propre mère, de l'autre côté de la rue. La situation est un peu délicate, ni ma mère ni mon père ne pouvant refuser, « diplomatiquement », de me confier à cette tante. Mon père lui répond alors que je suis déjà inscrite à l'école pour le mois de septembre, et que je viendrai chez elle aux vacances scolaires prochaines.

Je pense que ma mère voulait me garder près d'elle, tout comme mon père qui, malgré son travail et ses absences, est un papa poule. Comme ils ne pouvaient pas officiellement dire qu'ils n'avaient pas l'intention de laisser partir leur fille, ils se sont servis poliment de l'école comme prétexte. Ma mère tenait beaucoup à ce que ses enfants, garçons ou filles, s'instruisent, car elle est analphabète. Ce qui m'a évité de me retrouver dans un petit village à huit cents kilomètres de Thiès, le long du fleuve Sénégal, un village sans école, et où je ne connaissais personne, en dehors des deux cousines et d'un frère cadet de grand-père, qui venait de temps en temps nous rendre visite à Thiès.

J'avais peur d'aller là-bas. Je voulais rester dans le cercle familier, avec mes parents. Grand-mère Fouley était partie, mais il y avait encore la mère de ma mère. Le clan des grands-mères était donc toujours solide, et j'adorais aussi mon grand-père.

Lorsque j'allais lui demander des pièces pour acheter des bonbons, il ne refusait pas, même si sa réponse était :

— Une seule pièce ! Et fiche le camp ! Tu ne penses qu'à acheter des bonbons, tu sais comment on gagne l'argent ? Bientôt, le repas va venir, si tu manges des bonbons maintenant, tu ne vas plus manger à midi.

Mais j'avais la pièce de toute façon. Même s'il répondait : « Attends, tu viendras la chercher tout à l'heure ou demain... »

Dès que j'avais obtenu cette pièce, je sortais de la maison pour courir à la boutique, ou chez mes tantes qui avaient toujours quelque chose à vendre – un petit beignet, salé ou sucré, ou bien un petit pastel, farci avec du poisson ou de la viande, selon les jours. Le marchand me donnait ce qu'il avait en bonbons, ou un beignet, que je dévorais tout de suite, réfugiée dans la pièce de grand-mère Fouley. Si d'autres petits enfants étaient avec moi, je cassais le bonbon en deux ou en trois avec une pierre pour pouvoir en donner une miette ! Avec cinq centimes, on pouvait acheter un ou deux bonbons.

À la saison des fruits, on pouvait avoir une ou deux mangues. Si c'était une orange, on la pelait et la coupait en quartiers pour le partage, mais, si c'était une mangue, on la lavait ou on l'essuyait bien, on croquait à même la peau et on la donnait au suivant qui croquait à son tour.

— Eh! Croque pas trop gros, quand même...

On croquait à tour de rôle jusqu'au noyau. Jusqu'à le lécher et qu'il n'y reste plus rien. Je me souviens de grand-mère Fouley qui nous donnait un coup dans la nuque.

— Assez, maintenant, va jeter ce noyau, ça suffit... Et va te laver la bouche et les mains!

Mon banc était ici, dans cette maison. Ma place symbolique dans le cercle de famille. Et grand-mère régnait sur ma vie, pleine d'amour, c'était très important pour moi. Elle m'habillait à son goût, me lavait, me coiffait, défaisait mes nattes pour savonner mes cheveux, les peigner, et refaire les nattes. Elle y passait tout un après-midi, à refaire ces nattes. Elle nettoyait mes vêtements, les repassait. J'étais toujours propre et bien habillée, car elle était très minutieuse ; tout devait être rangé à sa place, dans la grande pièce, où nous étions trois à vivre avec elle. Il y avait deux vrais lits, des matelas en raphia cousus à la main. Je dormais avec elle, et mes deux cousines ensemble dans l'autre lit. Le matin, au réveil :

— Va te laver la bouche, on ne dit pas bonjour avant de laver sa bouche!

L'éducation était stricte, la propreté indispensable, autant que le respect dû aux autres.

Cette vie avec mes deux cousines dans la chambre de grand-mère Fouley s'est arrêtée là.

Je suis restée peu de temps chez mon grand-père, deux ou trois mois. Et un événement s'est produit qui aurait dû m'alerter sur mon destin futur.

Le mariage de l'aînée, ma grande sœur. Elle est adolescente, elle fréquente encore l'école. Il me semble que, le jour où on l'a demandée en mariage, elle était justement partie chercher les résultats de ses examens, qu'elle a passés brillamment, d'ailleurs. À son retour, on lui annonce le mariage. Elle n'en veut pas, et le crie haut et fort. Mais nous sommes éduquées pour être de futures épouses. Les femmes se lèvent tôt et se couchent tard. Les petites filles apprennent à cuisiner, aident les jeunes mamans, et obéissent au patriarche de la maison. Chacune de nous aimait grand-père ; enfant, le grand bonheur était de manger avec lui. Il était très ouvert, tendre, mais, dès qu'il prononçait un mot, tout le monde se taisait. La soumission était toujours présente sous son autorité. Je le craignais, comme mes sœurs et mes cousines, car, si nous étions trop dissipées, il suffisait qu'une des femmes aille le lui dire pour que la punition nous attende. Grand-père ne courait jamais après nous, il savait pertinemment que, tôt ou tard, nous serions obligées d'entrer dans sa pièce et que la fessée tomberait.

Grand-père a appelé ma grande sœur.

— Tu viens m'écrire une lettre !

C'était en réalité sa façon de la convoquer pour un entretien sérieux.

Il avait de la famille en France, et elle servait d'écrivain. Mes grands-parents et ma mère étaient illettrés, mon père lisait le Coran, il le connaissait par cœur, c'était un grand religieux, respectueux et tolérant. Mais ma mère et mon père ont eu le génie de nous envoyer à l'école – nous étions huit dans la fratrie, et les huit ont fait des études. Certains plus longtemps que d'autres, mais tout le monde a atteint le niveau du certificat d'études ou du brevet. Seuls les garçons sont allés jusqu'au bac ; la limite pour les filles étant le brevet, stade où il est urgent pour les parents de les marier. Ma sœur aînée venait donc d'obtenir son brevet, elle voulait continuer ses études, pas question de se marier.

En pénétrant dans la chambre de grand-père, elle pense naïvement qu'elle vient effectivement pour écrire une lettre. Il a déjà préparé son instrument pour la corriger, une corde. Pourquoi ne veut-elle pas épouser cet homme ? Ce n'est pas permis de dire non ! Et il la frappe sévèrement. Elle n'a jamais changé d'avis, elle a toujours dit non et non. Et pourtant, elle a dû épouser ce monsieur qu'elle n'a jamais aimé. Ils ne sont restés mariés que deux ans, durant lesquels elle a eu une petite fille. Ce mari était plus âgé qu'elle, il avait déjà une première femme et des enfants. J'ai suivi ma sœur à Dakar pendant quelque temps. À l'époque, quand une sœur se mariait, une des plus jeunes l'accompagnait pour l'aider et lui tenir compagnie. La première épouse n'était pas gentille du tout avec ma sœur. Je jouais avec ses enfants, mais nous nous sentions mal dans cet appartement de fonction – le mari était fonctionnaire. Ce n'était pas une maison, comme chez nous : plus de cour, plus de manguier sous lequel se reposer à l'ombre, j'étais enfermée. Pour mon grand-père et mes parents, ce mariage était une histoire de famille, comme toujours. On ne se marie qu'entre cousins, parfois même très proches. La situation de l'époux n'entre pas forcément en considération, l'essentiel est qu'il soit du même sang...

C'était l'époque des changements. Ma mère a déménagé dans la cité des Chemins de fer de Thiès où venait d'être muté mon père, et, lorsque je l'ai rejointe avec ma petite sœur, nous devions vivre maintenant avec la deuxième épouse de mon père, dans une très grande maison coloniale, magnifique. Maman ne s'entendait pas très bien avec cette deuxième épouse, mais son caractère calme et tranquille ne provoquait pas de conflits. Les bureaux du chemin de fer n'étaient pas loin, la gare non plus. On vivait très bien, là. Notre père était présent plus souvent, il pouvait jouer avec ses filles. C'était vraiment joyeux. Les heures sombres que j'avais affrontées, la mort de grand-mère Fouley, l'excision, me semblaient lointaines. Pourtant, je sentais que ma mère n'était pas heureuse. Nous n'étions pas très loin de chez grand-père – douze ou quinze kilomètres – et y allions à pied. Mais vivre avec une coépouse (en soninké, nous la nommons « Téhiné ») avec laquelle elle ne sympathisait pas, c'était dur. J'ai compris à l'époque que la polygamie était très difficile à vivre pour certaines femmes ; quelques-unes l'acceptaient mieux que d'autres. La deuxième épouse aurait peut-être voulu mon père pour elle toute seule ; certainement ma mère aussi. L'exemple de mes grands-mères, qui s'entendaient harmonieusement et considéraient notre tribu d'enfants comme la leur, ne m'avait pas préparée à ce que je découvrais. La tradition polygame en Afrique a eu sa raison d'être, elle l'a encore, mais qui en paie souvent le prix ? les femmes.

Un jour, ma petite sœur a dit qu'elle avait mal au ventre. En l'espace de trois jours, elle a été de plus en plus malade. Elle avait alors dix ans. Ma mère étant partie au marché, ce troisième jour, comme son état avait empiré, mon père l'a vite conduite chez le médecin. L'hôpital était à côté, et, mon père étant fonctionnaire, nous avions accès aux soins.

Lorsque ma mère est revenue du marché, elle a posé son panier, est entrée dans la chambre, et m'a demandé aussitôt :

— Où est ta sœur ?

— Ils sont partis l'amener à l'hôpital.

Elle est ressortie en courant pour les rejoindre. Quand elle est arrivée sur place, on lui a dit que l'enfant avait été évacuée sur Dakar. Ma petite sœur y est restée un jour ou deux, et elle est morte. Je ne sais pas de quoi. Cette mort était une mort de trop. Je me suis mise à haïr les gens, j'en voulais à tout le monde qu'elle soit partie. Dans cette grande maison coloniale, nous jouions toutes les deux. Comme il n'y avait pas beaucoup de dialogue entre ma mère et la deuxième épouse, chaque femme faisait en sorte que ses propres enfants restent dans leur coin. Ma petite sœur était morte, et la maison était pleine de monde en pleurs.

Il n'y avait plus de jeux, plus de cris joyeux comme lorsque, la prière achevée, au coucher du soleil, nous sortions toutes les deux en riant pour jouer dehors. J'étais seule dehors.

Un soir, ma mère m'a dit :

— Rentre dans la chambre, maintenant, tu n'as plus personne avec qui jouer.

La tristesse m'a envahie. Et à partir de ce moment, je me suis refermée petit à petit sur moi-même. Le décès de cette enfant était injuste. Malade trois jours d'une fièvre mystérieuse, et partie ! Pourquoi ? Que s'est-il passé ? On ne nous a rien dit. Chez nous, il y avait toujours cette fatalité, ce tabou autour des maladies. C'était terrible, on perdait quelqu'un, sans savoir de quoi. Les adultes

41

devaient savoir. L'hôpital savait. Est-ce que les médecins considéraient nos parents comme trop illettrés pour comprendre, et ne donnaient pas d'explications ? Je l'ignore.

Quelque temps plus tard, nous avons quitté la belle maison coloniale. Mon père était affecté à Dakar de nouveau pour son travail, et ma mère est repartie dans sa maison familiale à côté de son père.

Mais le temps de la grande école était arrivé !

Au début du cours préparatoire, j'étais une élève assez brouillonne et je ne comprenais pas grand-chose. Apprendre le français à sept ans, c'est un peu dur.

Nous avions une maîtresse terrorisante. Même si j'ai oublié son nom, je revois son visage, ses habits. Une vraie Sénégalaise, imposante dans son bou-bou. Elle n'était pas vilaine, mais très méchante. Pour punir, si nous n'avions pas appris nos leçons, elle joignait ses deux ongles, le pouce et l'index, et nous pinçait les oreilles jusqu'à ce que le sang coule. Elle ne riait jamais. Elle prenait tellement l'enseignement au sérieux qu'elle traumatisait beaucoup d'enfants. Si on arrivait, le lundi matin, les cheveux en l'air, la directrice de l'école disait :

— Rentre chez toi. Quand tu auras les cheveux tressés, tu reviendras au cours.

Les cheveux en l'air, même bien peignés, ne lui convenaient pas. Une fille devait avoir des tresses pour être correcte. C'était en 1968, le lycée était presque en face de l'école, et je me souviens de la grève, des émeutes et des bagarres entre lycéens et policiers. Ils ont lancé des pierres qui tombaient jusque dans l'école ; j'en ai reçu une par la fenêtre et j'ai saigné un petit peu. J'ai vu un policier tomber et se faire tabasser. C'était une révolution générale, et les lycéens couraient et jetaient des pierres partout en hurlant des slogans. Moi, je ne comprenais rien à ce qui se passait. Ils demandaient quoi ? je ne sais pas. En Europe, c'était Mai 68 !

Lorsque j'ai eu un professeur qui s'est intéressé plus à moi, je me suis réellement accrochée en classe jusqu'à l'entrée en sixième.

Les deux dernières années de cours moyen, je me suis donnée à fond, avec ce professeur génial, que j'ai retrouvé en sixième. Il y avait tant d'élèves, et si peu de professeurs, qu'il enseignait aussi au collège. Chaque fois qu'il croisait ma mère, il lui demandait :

— Comment va ma jeune fille ?

C'est lui qui m'a appris que se bagarrer n'était pas important à l'école, que je n'étais pas un garçon manqué, mais une fille. Je me suis battue jusqu'en CM1. Les garçons m'embêtaient, l'un d'eux surtout qui voulait me « racketter ». Personne n'utilisait ce terme à l'époque, mais le système était déjà le même.

— Donne-moi ça !

Un morceau de pain ou de beignet, un fruit, n'importe quoi faisait l'objet d'une menace si je ne cédais pas – et je ne voulais pas céder. J'argumentais plutôt en paroles, les disputes étaient quotidiennes, et ma mère me disait souvent :

— Si tu étais aussi grande gueule en classe, ce serait mieux pour toi !

Un jour, à bout de chantage, le garçon m'a agressée.

— Toi, à la sortie ce soir, je te casse la gueule.

— Oui, on verra bien !

Je n'ai pas bronché : si les garçons savent qu'on a peur, c'est fichu, ils nous taperont dessus tous les jours. Même avec la trouille que j'avais, je devais faire semblant. Et j'avais décidé ce jour-là que ce serait la dernière bagarre, dont je sortirais vainqueur. J'ignore où j'ai puisé cette force et cette détermination.

Il était beaucoup plus costaud et plus âgé que moi, bien que nous soyons dans la même classe.

Je me suis dit : « Il faut que je trouve une ruse pour m'en défaire à jamais. »

À la maison, il y avait toujours des petites préparations bien pimentées pour épicer le riz et les mangues vertes. J'ai décidé d'en prendre avec moi, en me disant : « S'il me cherche et que je ne voie pas d'autre issue, je lui balance ça dans les yeux. »

À la sortie de l'école, vers quatre heures et demie, son groupe de garçons est là pour me prévenir.

— Il va te massacrer aujourd'hui. Il va te tuer, tu vas voir.

Même si je tremble comme une feuille, je ne peux pas me dérober. Ma petite bande de copines était aussi trouillarde que moi. Nous étions « grande gueule », comme disait ma mère, mais rien de plus.

Il prépare ses poings, sautille partout autour de moi comme un boxeur à l'entraînement. Je tiens mes mains derrière mon dos, cachées, sans rien dire. Il continue son numéro, à sautiller, à tourner autour de moi et à sortir des gros mots, je garde pourtant mon calme, tout en répondant aux insultes.

— Approche, si tu es un homme, au lieu de sautiller autour de moi.

Et tout d'un coup, j'ouvre ma boîte et lui lance le contenu à la figure.

Heureusement, il n'en a pas trop pris dans les yeux, juste un peu. Mais le piment a fait son effet :

il s'est mis à crier, et une dame qui habitait en face est sortie pour voir ce qui se passait. Elle lui a vite rincé les yeux en me grondant un peu, et elle a interpellé le petit groupe de garçons :

— C'est bien fait pour vous ! Vous embêtez tout le temps les filles, ça vous apprendra à les laisser tranquilles. Et toi ? Tu ne sais pas que cette fille, plus tard, peut devenir la mère de tes enfants ? Vous les embêtez sur le chemin de l'école, alors que ce sont vos futures épouses ? Les futures mères de vos enfants ! Il faut les respecter ! Si tu ne te fais pas respecter par les filles, tu n'auras jamais de femme.

C'était la première fois que j'entendais une femme sermonner les garçons en parlant du respect dû aux filles, et évidemment j'étais fière. Mais l'autre, vexé et furieux, ne voulait pas lâcher le morceau.

— De toute façon, demain, je te casse la gueule, y a rien à faire.

— Pour moi en tout cas, c'est fini !

J'ai choisi d'aller prévenir le maître, qui m'a conseillé d'informer aussi les parents de mon persécuteur.

— Comme ça, s'il te touche, je le punirai, et ses parents aussi.

Le midi, en quittant l'école, je suis allée voir sa mère, qui m'a répondu :

— Merci, jeune fille, je vais le corriger et, ne t'inquiète pas, il ne t'embêtera plus.

Quand il est revenu à l'école, il m'a grogné au visage :

— Trouillarde, menteuse, t'es allée chez mes parents ?

— Comme ça, tu me fous la paix. Je devrais me laisser tabasser et ne rien dire ?

À l'époque, une telle démarche était importante. Les parents n'aimaient pas avoir des histoires avec ceux des autres, et les sermons ou les corrections bien administrées faisaient leur effet. Le piment aussi. Après cette dernière bagarre, il s'est bien calmé et nous sommes devenus très copains. On discutait et, quand je ne comprenais rien à une leçon, je lui demandais. J'avais alors onze ou douze ans, un maître d'école formidable, et, avec lui, je suis devenue peu à peu bonne élève et plus sage. J'ai beaucoup changé en participant à une troupe de théâtre. On jouait une pièce, un conte africain qui s'appelait en français : « Coumba qui a une mère et Coumba qui n'a pas de mère ».

Tous les soirs, on allait répéter. Il y avait quelques jeunes filles de mon quartier, et des jeunes garçons. Notre directeur de répétition était le père d'une de mes meilleures amies à l'époque, et c'est lui qui en avait eu l'idée. C'était un but, une occupation qui nous donnait de l'importance et nous passionnait. La pièce montrait la méchanceté d'une marâtre. Coumba avait une mère, et l'autre Coumba n'en avait pas. Cette femme lui faisait faire toutes les corvées, tandis que sa fille ne fichait rien. C'était un peu Cendrillon à l'africaine. Nous l'avons répétée des mois, cette pièce. J'étais pressée de la jouer. J'ai tenu les deux rôles alternativement, et joué aussi dans un autre spectacle, fait de chansons arabes, avec des tambours et des danses. Je m'y donnais à cœur joie. On a commencé à faire des représentations dans quelques endroits en ville. On devait même aller à l'étranger, en Mauritanie. Un drame familial m'en a empêché.

Ma mère était enceinte à cette époque et j'avais treize ans. Elle était à terme. J'ai préparé le repas, le riz et tout ce qu'il fallait en me dépêchant et, vers quatorze heures, j'avais fini tout ce que je devais faire. J'avais l'intention de sortir, mais ma mère m'a demandé de rester.

— Tu ne sors pas aujourd'hui, tu t'occuperas du repas du soir, je ne me sens pas très bien.

J'ai dit oui, même si je n'avais pas l'intention d'obéir. Dès que j'ai entendu les tam-tams après ma douche, je me suis faufilée dehors avec une copine pour aller voir les musiciens. Lorsque je suis revenue, le soleil était déjà couché, et ma mère fatiguée.

— Je t'avais dit de ne pas sortir. Je t'ai attendue, et j'ai été obligée de me charger du repas à ta place.

Elle est partie faire sa prière et, prise d'un malaise, elle s'est effondrée.

Elle perdait beaucoup de sang, déjà, quand on l'a emmenée à l'hôpital. J'étais assise devant la maison à discuter avec les copines, lorsqu'une ambulance est passée en trombe sur la route. Rien ne me disait que c'était ma mère qui passait là, sous notre nez, transportée d'urgence de Thiès à Dakar. Le bébé était mort depuis longtemps dans son ventre, et on a dû l'opérer pour la sauver de justesse. Elle est restée en réanimation presque quatre mois et nous ne pouvions pas la voir, seul mon père lui rendait visite. Ce n'était pas ma faute, mais elle m'avait dit de ne pas sortir, et ma grande sœur me sermonnait souvent sur mon envie d'aller jouer avec mes copines d'en face, dans la maison des Mandingues.

— T'as pas fini ta vaisselle, balaie la cour, range ça, fais ci, fais ça...

Dès que je m'éclipsais, deux minutes plus tard elle venait me rechercher.

Si je parlais de théâtre :

— Tu ne réfléchis même pas, ta mère est à l'hôpital et tu veux aller faire du théâtre !

Je me suis sentie coupable de tout, car elle avait failli mourir. Un quart d'heure de retard sur la route de Dakar, et je n'avais plus de mère. J'ai gardé ça en tête très longtemps, traumatisée par une grave culpabilité d'enfant. D'autant plus qu'un jour, alors qu'elle était à l'hôpital depuis déjà deux mois, j'étais à la maison de grand-père quand tout à coup nous avons entendu des hurlements qui nous ont fait croire que ma mère était morte. Mais c'étaient ceux d'une vieille femme que son fils venait de traiter d'imbécile lors d'une dispute.

Mais, sur le moment, tout le monde y avait cru.

Je priais chaque jour le bon Dieu qu'elle ne meure pas à l'hôpital. Mon père ne cessait de me rassurer.

— Elle va s'en sortir, ne t'inquiète pas, Dieu est grand.

Et mes oncles, mes tantes, tout le monde dans le quartier, disaient :

— Puisqu'on a annoncé sa mort alors qu'elle n'était pas morte, ça veut dire qu'elle va s'en tirer.

Elle est enfin rentrée à la maison, en bonne santé. J'allais attaquer la sixième au collège, quand un courrier est arrivé de France. Un mauvais courrier. La demande en mariage d'un cousin inconnu, que j'étais bien la dernière à envisager à treize ans et demi.

Un coup de poing sur la tête

Ma sœur a été demandée en mariage pour la seconde fois, alors qu'elle vient à peine de divorcer d'un homme qu'elle n'aimait pas, au bout de deux ans, et vit avec nous et son bébé. En qualité de femme divorcée, elle a le droit de refuser, ce qu'elle fait, elle en parle avec ma mère et ma tante.

— Ce cousin-là, je l'ai déjà rencontré à Dakar avec sa première femme, c'est un cousin qui vit en France. J'ai dit non, et papa n'a pas insisté.

Mon père sait bien qu'une femme divorcée est libre de décider ce qu'elle veut. Il n'a plus le pouvoir de lui imposer un mari qu'elle n'aurait pas choisi. Moi, en revanche...

Quelques jours après, mon père me fait venir dans la pièce. Il est assis sur le lit, ma grand-mère maternelle en face de lui, et je m'installe respectueusement à côté d'elle.

— Khady, il y a un cousin en France qui veut t'épouser, est-ce que tu es d'accord ?

Bizarrement, je ne bronche pas. Dans mon souvenir, cette scène est un peu irréelle. Je crois que je ne me suis pas rendu compte de ce qui se préparait pour moi. Et, de toute façon, j'étais éduquée de telle sorte qu'il ne me venait même pas à l'idée de répondre. Le père demande l'accord de sa jeune fille pour la forme – il est religieux, tolérant, le Coran lui enseigne qu'il a le devoir de poser la question, mais de la poser par principe, il n'attend rien en réponse.

C'est ma grand-mère qui réplique à ma place sous forme de proverbe en soninké.

— Même si tu la mets dans un trou du serpent, elle entrera dedans.

— Très bien, j'ai entendu.

Les très jeunes filles de mon âge vont à l'école, certes, elles ont droit aux activités extérieures, le théâtre pour moi, par exemple, mais l'éducation que nous recevons à l'époque suppose que le but principal d'une fille est de trouver un mari. Et bien entendu un « cousin ». C'est notre destinée. Donc, il est impensable de dire non.

Mon père a fait son devoir, il a accompli la formalité. La cause est entendue. Si par hasard, ou bien par simple révolte, j'avais dit non, il y aurait eu des histoires en famille, des palabres, et le mariage n'aurait peut-être pas eu lieu. Rien n'est moins sûr, mais je n'ai pas osé ouvrir la bouche.

Je n'étais plus une enfant, pas encore une grande jeune fille, j'allais le devenir pour peu qu'on me laisse le temps de vivre l'adolescence. Je jouais au théâtre avec les copines, j'avais des flirts bien innocents, du genre « on se croise en cachette en revenant du marché ou d'ailleurs, on se fait un signe. Ou bien, en visite chez une voisine, on se regarde et on se dit bonjour ». Je regardais les garçons comme toutes les filles de mon âge, dans mon quartier.

Les filles se retrouvent tous les soirs chez l'une ou chez l'autre, on boit le thé avec les grands frères et les copains. Nous sommes élevés ensemble, garçons et filles, sans que les grands frères, justement, aient un pouvoir ou une autorité spéciale sur nous. Seul le patriarche et ensuite les femmes dominent les petits troupeaux d'enfants dont ils ont la responsabilité. Et le respect est de rigueur. Les « flirts », dans mon éducation, ne sont que des échanges de regards, rien de plus. Le rêve commun de toutes les gamines en Afrique, comme ailleurs, demeurant la rencontre du prince charmant... Les frères ont autorité sur les plus jeunes, mais pas les aînés.

Hélas ! à partir du moment où une fille est réglée, et que les seins sont visibles, les parents pensent qu'elle est prête à être mariée. Et ils souhaitent un mari le plus vite possible, de crainte qu'elle ne tombe enceinte avant le mariage. Ils ne considèrent pas du tout l'adolescence comme un passage nécessaire, celui de la formation physique et intellectuelle d'une future adulte. Je suis encore à l'école, je n'ai que treize ans et des poussières, et je ressors de cette chambre sans éprouver de sentiments particuliers.

De toute façon, que je dise oui ou non, ce sera la même chose, il faut y passer. Ma sœur aînée a déjà payé le prix d'un mariage forcé : deux années de vie commune avec un inconnu qui a même fini par la malmener. J'aurais voulu, bien sûr, que le futur époux ne soit pas un inconnu, être courtisée, invitée à sortir, aller au cinéma avec mon copain – le rêve de toute jeune fille. Mais, si l'on pose la question du mariage avec un cousin inconnu aux autres femmes, la réponse est toujours la même : « Tu l'aimeras plus tard ! »

En attendant, je me suis interrogée : ayant essuyé le refus de ma sœur, le cousin de France ne s'était-il pas rabattu sur moi ? Peut-être même sur la proposition de mes parents...

La tradition veut que cet homme qui est au loin demande à sa famille une fille à épouser au pays. En l'occurrence, il s'agit d'un cousin germain (un fils du frère de mon père) qui a demandé à son oncle de lui trouver une épouse. Ce sera donc moi.

Ma grand-mère et moi quittons la pièce, sans émotion particulière, comme s'il ne s'était rien passé d'important, une formalité familiale sans plus. Ma mère est en cuisine avec ma sœur, je vaque à mes occupations domestiques, qui consistent ce jour-là à balayer la maison. Sur le coup, je n'y pense pas trop. Lorsque les choses prendront une tournure plus sérieuse, je commencerai à réfléchir.

Pourtant, le cas de ma sœur aurait dû provoquer cette réflexion, comme celui d'une cousine qui avait accompli un exploit scandaleux, mais extraordinaire ! Un monsieur avait demandé sa grande sœur en mariage. Et la grande sœur, à l'époque, a osé dire non et plié bagage pour s'en aller vivre chez une tante. Les parents ont tout fait pour que la sœur cadette remplace la grande dans ce projet de mariage. Or elle ne voulait pas, car elle avait un copain ! Malgré ce refus, les parents ont organisé une grande cérémonie, elle s'est retrouvée mariée d'office et n'a plus protesté. Mais, au soir de la nuit de noces, on l'installe dans la pièce nuptiale, comme c'est la coutume, pour l'accomplissement de cette union, avant de faire entrer le mari. Elle a attendu d'être seule et, avant que l'époux se présente pour la déflorer, elle est passée par la fenêtre et s'est sauvée !

Tout ça ne m'a pas alertée, alors que je connaissais parfaitement l'histoire.

Mais les « mamas » racontaient ce genre d'histoires de façon à ce qu'elles nous rentrent bien dans la tête, et insistaient sur le fait que les filles qui disent non ont forcément tort.

— Une fille qui refuse ce que les parents lui proposent tombera forcément sur un mauvais mari !

Parce que les parents, eux, trouvent toujours un bon mari ! Jamais un mauvais !

Je n'avais pas la capacité, à mon âge, de faire le point entre l'éducation, la tradition et mes propres désirs. Toutes les copines autour de moi aspiraient à se marier, j'ai dû me dire que je serais la première...

Quelques jours après cet « entretien » avec mon père, la réponse est parvenue à son lointain neveu : il avait désormais une fiancée possible. Parallèlement, mon père était tenu de consulter ses frères restés au village car, seul, il ne pouvait pas prendre la décision de marier sa fille sans leur accord. Le système patriarcal est ainsi fait, et ce sont eux qui entérinent le choix. Si un cousin au village leur paraissait plus intéressant, il leur faudrait négocier. Ce qui ne s'est pas produit dans mon cas.

Ma grand-mère maternelle et les mamas sont heureuses, elles ont enfin quelque chose en main, un mariage à préparer ! La grande affaire des femmes. Les hommes, eux, célébreront le mariage à la mosquée, entre eux, sans la présence des intéressés qui n'est pas nécessaire. Les préparatifs de la cérémonie qui doit suivre ne les concernent pas. J'ai appris plus tard, trop tard, que ma mère n'était pas d'accord avec ce mariage. Mais je n'ai jamais osé lui poser la question, et je ne connais donc pas ses raisons. Peut-être par crainte que les mariages familiaux, comme celui de son aînée, ne soient voués à l'échec. Ma mère a aimé son mari, on me l'a dit, et ça se voyait. Elle rêvait peut-être de la même chose pour ses filles, mais en secret.

Quelques semaines plus tard, une autre lettre arrive, apportée par un messager venu spécialement de Dakar. La lettre traduit la satisfaction de la réponse donnée, et le messager apporte de l'argent pour les fiançailles. C'est la coutume. Là, les choses sérieuses commencent. Les mamans se réunissent – j'ignore ce qu'elles se disent dans la chambre. Je ne suis pas consultée. Je sais seulement que le messager est venu, qu'il est bien accueilli et que les discussions sont engagées par son intermédiaire. Le messager est traditionnellement une personne castée, spécialement chargée de faire le lien entre la future belle-famille et la mienne. Personne ne traite directement, sans cet intermédiaire, ce serait très mal vu. Il doit rencontrer la belle-famille, discuter de la dot, puis rapporter cette dot. C'est assez rapide, en général, tout dépend des négociations. Dans mon cas, il s'agit d'un mariage familial consenti et, le cousin étant le neveu direct de mon père, les négociations n'ont pas duré longtemps. Un beau jour, je revenais tranquillement du robinet collectif, à dix minutes à pied de la maison, ma bassine pleine d'eau sur la tête, et je riais avec les copines, insouciante, quand je me suis aperçue, entre deux allers-retours au robinet, que les cousins de mon père étaient arrivés de Dakar pour lui rendre visite. J'étais simplement ravie de voir la famille réunie et, sans méfiance, je suis repartie à ma corvée d'eau. Le robinet collectif est le lieu de rencontre habituel entre filles. Il y en a un dans chaque quartier à cette époque. On y fait la queue, on s'y chamaille parfois, on y rit aussi, car la corvée est moins pénible qu'avant, lorsqu'il fallait puiser l'eau du puits collectif et s'arracher les mains sur une corde rêche pour remonter le seau... L'inconvénient apporté par la modernité du robinet commun, c'est le goût ! La saveur, la douceur n'ont rien de comparable avec celles du puits de mon grand-père. Et lorsqu'il y a pénurie, et donc coupure, les marchands d'eau, des Maures en général, en profitent pour faire grimper les prix.

Au troisième aller-retour, je tombe sur mon père, qui me dit de laisser là ma corvée, et d'aller me doucher et m'habiller. Sans demander pourquoi, ça ne se fait pas, je range la bassine et j'obéis. La famille étant en visite, cette demande n'a rien d'inquiétant. Ma mère est d'ailleurs déjà en train de cuisiner. Je vais donc me doucher, je m'habille normalement et, au moment où je vais ressortir de la chambre, ma grand-mère maternelle apparaît sur le pas de la porte.

— Assieds-toi ! Et ne bouge plus de là !

Sur ce, elle me laisse toute seule.

À la manière dont elle m'a dit de ne pas bouger, j'ai su qu'il se passait quelque chose d'important. Mon père, ses frères et ses cousins étaient à la mosquée pour la prière de cinq heures, j'ai supposé qu'ils devaient seulement y parler des fiançailles. Mais soudain, alors que je suis assise là, seule, une amie de ma sœur aînée arrive en courant et me donne un petit coup de poing sur la tête !

La tradition veut, lorsqu'une fille est mariée à la mosquée, que les autres filles se précipitent pour lui donner un coup de poing sur la tête. Car la première sera la prochaine à se marier. Dans les films américains, la mariée lance un bouquet que les filles se bagarrent pour attraper. Chez nous, c'est un coup de poing sur la tête.

Et là, j'ai compris. C'est fini, ils m'ont mariée à la mosquée. Le coup de poing est le signal.

Je reste là, comme une idiote, muette, incapable de réagir devant l'évidence de mon statut. Les hommes rentrent de la mosquée. Tous viennent me voir, me dire que je fais honneur à ma famille en acceptant ce mariage, que le bon Dieu me le rendra, qu'ils prient pour que ce mariage dure, que cette union soit prospère, qu'il y ait beaucoup d'enfants, que le bonheur soit avec ce mariage, et qu'aucun mauvais esprit ne vienne troubler cette union...

Chacun dit la même chose en gros, sans tendresse particulière. C'est un rituel.

Je fais partie des filles bien élevées qui n'ont pas contesté. Mes sœurs, mes cousines aussi accourent pour me féliciter. Ma sœur aînée est occupée en cuisine, elle ne m'a rien dit de spécial avant, aucune mise en garde. Après tout, je n'ai pas dit non... Tout est normal.

Et la soirée passe. Quelques minutes après, les hommes rapportent de la mosquée la noix de kola, cette petite boule amère que l'on distribue avec un peu d'argent à toutes les mamans et à toutes les tantes. Ma mère reçoit, avec ses sœurs, une partie de la dot, qu'elles vont répartir à la famille, en argent comme en kola, pour signifier que le mariage a été fait à la mosquée. Mais qu'il n'est pas encore célébré officiellement par la famille. L'organisation d'une telle cérémonie prend en effet du temps, alors que le rituel à la mosquée est une formalité entre hommes de chaque famille. Les uns disent : « Nous demandons la main de votre fille pour Untel », et les autres répondent : « Nous te donnons la main à telles conditions... »

Les conditions dépendent des négociations préalablement acceptées.

À la mosquée, le mariage est conclu sur parole. Il n'y a pas de registre, pas d'écrit. À l'époque en tout cas. Et les hommes font ce qu'ils veulent, puisque la loi sénégalaise n'a pas à interférer avec la religion. L'administration n'intervient qu'en cas de régularisation à l'état civil. Beaucoup de femmes africaines, aujourd'hui, demeurent dans cette situation, sans autre forme de papiers ! Chez nous, la femme ne change pas de nom, elle garde le sien. Et si elle divorce, la rupture est consacrée de la même manière par les hommes de sa famille. Le mari n'a qu'à dire trois fois devant au moins trois témoins que c'est fini, et c'est fini.

Le divorce est donc apparemment facile, mais si l'époux refuse de se prononcer parce qu'il ne veut pas que sa femme le quitte, ou qu'il a envie de lui créer des histoires, alors ce sont les parents qui sont obligés de trancher en disant : « C'est nous qui avons fait ce mariage et nous le défaisons. »

Cette tradition de mariage coutumier, dans lequel la jeune fille n'est pas personnellement impliquée, est virtuelle et j'ai alors du mal à l'intégrer dans ma vie. Je suis « mariée » aux yeux des autres, pas aux miens ! Et je continue à vivre normalement, à cela près que la surveillance est beaucoup plus stricte à ce moment-là. Surtout au niveau des grands-mères.

— Ne va plus t'approcher d'un garçon ! Ne les touche plus ! Ne leur parle plus !

Or j'adorais aller chez une de mes tantes, qui n'a eu que des garçons. Ils avaient un cousin qui me plaisait, et je lui plaisais. Ma grand-mère maternelle le savait.

Ma mère ne voulait jamais que je sorte le soir. Mais je trouvais toujours le moyen de me faufiler dehors. J'étais infernale, espiègle, sans rien faire de mal. C'était un jeu, aller rejoindre les copines ou les copains et papoter. Mais je n'étais pas idiote non plus.

Un soir, chez cette tante, alors que nous sommes une petite bande à discuter dans la chambre des garçons, j'entends soudain une voix dire bonjour à la tante ! Ma grand-mère !

Je ne vois aucune issue, à part me glisser sous le lit, et tous les garçons sortent de la chambre, mine de rien, sous l'œil inquisiteur de la grand-mère maternelle.

— Khady est là?

— Ah non! elle n'est pas là.

Grand-mère n'est pas née de la dernière saison des pluies, elle sait bien que les garçons mentent. Elle entre dans la chambre, ne m'y voit pas; malheureusement, je devais respirer trop fort, car elle soulève le drap d'un coup.

— Sors de là!

— Je fais rien de mal, j'étais juste en train de parler avec...

— Avance! File! Rentre à la maison. Tu n'es plus libre de faire ce que tu veux ni d'aller où tu veux. Tu es maintenant mariée à quelqu'un, tu dois rester tranquille, tu dois respecter ta personne, tu ne dois plus fréquenter les garçons.

Pour moi, c'était totalement innocent, avec aussi un peu de provocation. Il m'était difficile, je suppose, d'abandonner une adolescence qui commençait à peine. Lorsque j'étais avec les copines, j'oubliais complètement cette histoire de mariage. Mais la grand-mère veillait au grain. Peut-être parce que, dans la famille, une cousine avait eu un bébé hors mariage. C'est un déshonneur d'être enceinte de quelqu'un d'autre pendant que l'on est fiancée.

Au mois d'août 1974, j'approche alors de mes quatorze ans, le messager familial apparaît de nouveau. Il ne vient pas forcément parler de mariage, mais apporter les nouvelles en général. Il est de la caste des cordonniers, fait partie de notre famille, et quand il vient annoncer un décès, par exemple, c'est au patriarche qu'il s'adresse, jamais aux femmes ni aux jeunes oncles. Et, ce jour-là, nous l'avons chahuté un peu, comme d'habitude, car il est fort sympathique et plaisante facilement.

— Ah! le messager, qu'est-ce que tu as encore ramené? Espérons que tu nous as de bonnes nouvelles aujourd'hui. Pas de décès surtout.

Or il est parti directement chez le grand-père. Quand il y a un visiteur, on s'éloigne, on ne reste pas pour écouter, je suis donc retournée à mes occupations. Et une demi-heure plus tard, le grand-père fait appeler la grand-mère, ma mère et ma tante – toutes les femmes de la maison. Elles ressortent de là une demi-heure après et, en arrivant chez ma mère, je les vois discuter entre elles, l'air préoccupé. Comme toujours, on ne s'adresse pas tout de suite à moi, j'apprends la « mauvaise » nouvelle un peu plus tard.

Le promis est venu de France hier soir, il est à Dakar et le mariage doit se faire et être consommé très vite, car il ne dispose pas de beaucoup de temps. Il est ici en vacances pour un mois et, durant ce mois, il doit se marier, aller voir sa famille au village, ce qui lui prendra au moins deux jours de voyage... Bref, le mariage est fixé au jeudi suivant, nous sommes un lundi. Il y a urgence. Les femmes sont mécontentes.

— C'est trop juste! Trop juste!

La moindre des choses, pour elles, aurait été de les avertir deux ou trois mois à l'avance. Cette bousculade est une sorte de manque de respect pour le travail qu'elles doivent accomplir. Organiser une cérémonie de mariage prend du temps. Il faut informer le reste de la famille, préparer le trousseau. Heureusement, pour le trousseau, on peut attendre, puisque c'est un homme qui vient de France et y repart; on le présentera plus tard à la famille, comme il est de rigueur de le faire. Le trousseau d'une fille consiste en une panoplie d'ustensiles de cuisine, des habits, des tissus, des pagnes à faire tisser, teindre et coudre à la main, ce qui prend des mois. À la fin des cérémonies, ce trousseau au complet doit être présenté à la belle-famille. Pour un trousseau normal, il fallait compter à l'époque l'équivalent minimum de sept cents euros. C'est une vraie fortune pour les familles. Et beaucoup de filles travaillent des années pour cela. L'argent que donne le futur marié contribue à aider, mais il est également distribué dans la famille, chacun a sa part.

En ce qui me concerne, l'argent est intervenu de façon symbolique. Mon père a toujours dit : « Je ne vends pas mes filles. » Quant au grand-père, il était encore plus rigide à ce sujet. On ne gaspille pas l'argent en futilités, il est trop dur à gagner.

Grand-mère m'avertit sévèrement de nouvelles interdictions.

— Toi, tu ne quittes plus la maison à partir de maintenant. Tu fais les choses que tu dois faire, mais dans la maison, tu ne dois plus sortir dehors.

Les copines viennent encore me voir, mais le rire n'est plus vraiment là. Je suis enfermée, bouclée, et je commence à devenir nerveuse. Il ne me reste que quatre jours...

Pendant ces quatre jours, tous les soirs, mes copines viennent à la maison ; on chante, on danse, on plaisante, on dit des bêtises, c'est une manière pour elles de me faire comprendre que je ne fais plus partie du clan : j'appartiens à un autre, celui des femmes mariées.

Le troisième jour, une tante vient remplir son rôle de vérificatrice symbolique de ma virginité.

— Est-ce que tu es sûre de toi ? Si tu n'es pas sûre de toi, tu me le dis dès maintenant.

— Je suis sûre de moi.

Chez nous, la parole compte. Nous ne pratiquons pas le genre d'inquisition redoutable et brutale que subissent certaines femmes ailleurs. Pas d'examen indécent, pas de linge ensanglanté brandi le lendemain des noces comme un trophée au milieu du village.

Mais la virginité demeure importante, la surveillance en donne la preuve. Il faut être vierge, point final. Par moments, je trouvais que ma mère était bien trop sévère pendant les fiançailles.

— Tu vois ce trait ? Si tu le dépasses, je te coupe la jambe.

Et depuis que j'étais réglée, de toute façon, ma liberté était limitée. C'est à cette période que je l'ai entendue régulièrement me mettre en garde.

— Tu marches beaucoup ! Pourquoi tu marches ? Une jeune fille doit rester chez elle, à la maison. Toi, tu es tout le temps fourrée chez l'un, chez l'autre.

— Mais je vais seulement chez mes copines et copains de toujours !

— Il y a des heures où une jeune fille ne marche plus !

Effectivement, dans la tradition, une jeune fille ne doit plus sortir. Mais comme, dans ce quartier, il n'y avait que la rue à traverser pour entrer dans l'une ou l'autre maison de mes copines, je n'y voyais aucun mal. Ma mère non plus, mais c'était une question de principe pour elle, je devais m'y conformer. Et si une de mes copines lui était étrangère :

— C'est qui, celle-là ? Tu fréquentes toute la ville. Moi, j'ai grandi dans cette ville, je me suis mariée dans cette ville, personne ne me connaît. Et toi, tout le monde te connaît ! Tu marches tout le temps !

Je marchais trop, donc je connaissais tout le monde, je mettais mon nez partout. Ce n'était pas bien vu.

Les mamas ont entamé les préparatifs. Trouver des grandes marmites. Acheter du riz, du mil, des moutons. Les proches de la famille arrivent petit à petit de Dakar et d'ailleurs, et s'installent dans la maison pour aider. Certains sont logés dans la grande maison de grand-père, quand il n'y a plus de place chez nous. Les voisins d'en face se chargent de quelques autres. Une fourmilière s'est mise en place. Les personnes castées de ma famille sont là tous les jours, le matin de très bonne heure, pour faire à manger à tout ce monde.

Et, le jeudi, c'est la grande fête. Pour la première fois, je prends conscience de ce qui m'arrive, et je fonds en larmes devant mes copines. Je pleure pour beaucoup de raisons, mêlées, diffuses, non pas parce que je vais quitter ma famille, il n'en est pas question. Le mari va retourner en France, et je ne crains pas l'éloignement, pour l'instant du moins...

Je pleure surtout parce que grand-mère Fouley, qui m'a élevée, n'est plus là. J'aurais souhaité qu'elle soit présente à mes côtés le jour de mon mariage, et heureuse. Il y a déjà sept ans qu'elle n'est plus, mais elle est demeurée ancrée en moi, et le demeure encore aujourd'hui. Je lui dois mon enfance, mon éducation. J'ai reçu beaucoup d'amour grâce à elle, elle m'a appris le respect et la dignité, la droiture. Elle me manque tant. J'ai peur.

Je n'ai jamais vu cet homme, j'ignore à quoi il ressemble, quel âge il a. On m'a seulement dit qu'il avait déjà eu une femme et qu'il était divorcé depuis quelques jours. Il paraît que cette femme est tombée enceinte « derrière lui », alors qu'il est resté des années sans aller la rejoindre au village. Ce serait le motif de son divorce. Mais ça ne me console en rien de le savoir. Et je pleure encore lorsque ma tante revient. Il est temps d'aller m'épiler. Avec une lame de rasoir, la même horrible lame de rasoir de mes sept ans. Il n'existe pas de produits spéciaux, pas de cire, je dois me débrouiller avec ça. On veut donner à cet homme une femme que l'on dit vierge de tout, propre de tout. Purifiée de tout, y compris de cette pilosité qui orne malencontreusement ses aisselles et son ventre. Les copines sont là, les marmites sont en train de bouillir, le mouton est égorgé. La maison est pleine à craquer. Je n'ai rien d'autre à faire que de me raser.

— Tu veux que je t'aide ?

— Merci, ma tante, je le fais moi-même.

Cette maudite lame réveille des souvenirs oubliés. J'ose à peine me toucher à certains endroits. Je tremble en tenant cette lame de rasoir qui m'a coupée. C'est une lame nue, diabolique, et je m'y prends mal, le travail n'est pas bien fait tellement ma main tremble. Tant pis, je me débrouille comme je peux. Il m'est impossible de demander de l'aide, c'est trop intime, et assez effrayant, finalement.

Dehors, les femmes chantent et dansent, alors que je traverse des émotions contradictoires : je suis mal à l'aise, effrayée et, en même temps, naïve et innocente. Fière, à ce moment-là, parce que je vais me marier, et que je dois faire tout cela comme une grande, une vraie femme... Je me rassure, comme les femmes ne me laissent pas le temps de réfléchir, en venant toutes les cinq minutes chanter mes louanges, que le griot vient raconter la bravoure de mes ancêtres paternels et maternels... Tout le monde est si fier, j'ai l'impression qu'ils donneraient tout l'or qu'ils possèdent, tellement ils sont fiers de moi.

Pour ce qui m'attend ensuite, je m'interdis d'y penser, de laisser surgir la moindre image d'une nuit de noces dont j'ignore tout. Comme j'ignore tout du mari.

Je prie pour que ce soit un monsieur gentil, avec qui je pourrai faire plein de choses. Je me demande s'il aura une voiture, si nous allons sortir le soir, aller au cinéma, ou manger un *chawarma*, un sandwich grec ou libanais, une glace en cornet. Quand on est enfant, dans les rues, on se paie des glaces à cinq ou dix centimes, les vraies glaces en cornet coûtent trop cher. Il sera peut-être assez généreux pour que je puisse aider mes parents à vivre mieux. Est-ce qu'il m'offrira de l'argent pour acheter des bijoux, de plus beaux vêtements, de plus belles chaussures ? Tout cela a fait partie de nos conversations entre copines, lors des cérémonies précédentes, où l'on voyait les mamans magnifiquement vêtues. « T'as vu sa bague ? J'espère qu'un jour j'en aurai une... T'as vu son boubou ?... J'espère qu'un jour... »

Jeune fille, on met des jupes longues, des pagnes, avec un petit haut tout simple, mais pas de boubous comme les mamas. J'avais des bijoux en argent, venus de ma grand-mère, mais très peu, car j'appartiens à une famille qui, sans être pauvre, n'était pas très riche. Les mamas, elles, portent des bijoux en or, obtenus après le mariage, ou hérités de leurs parents.

Cloîtrée dans ma chambre avec les copines, je porte maintenant sur les cheveux un petit pagne blanc. Dans l'après-midi, une femme vient faire les tresses de la mariée, dont la technique est précise. Une grande tresse sur le haut, deux tresses qui encadrent le visage, et deux autres dans la nuque. Pendant ce temps, les tam-tams battent plus fort, les mamans dansent et chantent. Peut-être pour nous faire oublier la suite.

Après le dîner, après que tout le monde a dansé, chanté, mangé toute la nuit, vers minuit, une heure du matin, on me fera rejoindre le mari dans la chambre nuptiale. Il est présent avec les hommes, assis quelque part, mais je ne l'ai toujours pas vu, et personne ne me le désigne car il ne faut pas le voir avant le mariage. Dans les villages, si une mariée a une chance de croiser son époux avant la cérémonie, on la cache aussitôt. Il ne doit pas la voir non plus.

De toute façon, je ne dois plus bouger de cette chambre, et peu à peu je sens un poids alourdir mes épaules – mal à la tête, envie de rien, ni de manger ni de boire. J'ai mal partout. Ce doit être plus psychologique que physique. C'est l'angoisse de ce qui m'attend, de cette nuit qui approche. Cette nuit, je dois avoir des rapports sexuels avec ce monsieur.

J'espère que ce n'est pas une brute. Parfois, en écoutant les mamas, on entend raconter que certains hommes sont brutaux, qu'ils ne sont pas gentils avec leur femme la première nuit. Personne n'a encore dit qu'une mariée n'était pas vierge. Si c'était le cas, sa famille a gardé le secret, et surtout le mari. Parfois, elles parlent d'une jeune fille vierge, qui est restée couchée et malade plusieurs jours après sa nuit de noces. Je sais que « ça » fait mal. Je sais que je vais saigner. Et c'est l'heure.

Les tantes viennent me chercher dans la chambre et demandent aux copines de s'en aller, car elles doivent me préparer, me donner des conseils qui ne regardent personne d'autre que moi. Les conseils sont relativement simples : l'utilisation des différents parfums, l'emploi d'un seau tout neuf pour me laver. Tout est neuf ce jour-là. Des pagnes blancs, un boubou, un foulard et un voile de gaze.

Je ne vois ma mère que rarement, elle est très occupée avec les invités. Elle est venue vérifier que les tresses étaient bien faites, a disparu dans la fourmilière familiale, et, à un moment, elle m'a lancé un regard inquiet, presque apeuré. À quoi pensait-elle ? Je suis, à cet instant-là, comme on dit chez nous, « une fille qui entre en chambre ». Ma mère se dit peut-être que je suis certes solide physiquement, mais trop jeune dans ma tête, et se pose surtout la grande question : est-ce qu'elle est vierge ?... Que ce soit elle ou les autres mamans, elles le craignent toujours, jusqu'à la dernière minute.

Aucune femme n'admet qu'une fille excisée puisse avoir des problèmes au moment des premiers rapports sexuels, et même plus tard. Et pourtant, elles les ont vécus elles-mêmes ou avec certaines de leurs filles. Or elles n'en parlent pas. Et je ne me doute de rien.

Elles me font sortir de la chambre avec un cérémonial particulier. On me prend par la main pour me faire marcher jusqu'au centre de la cour, deux femmes m'encadrent, les autres suivent en chantant avec des youyous et en tapant dans leurs mains.

Au milieu de cette cour, elles me font asseoir sur un grand mortier qui sert à piler le mil, et que l'on a posé à l'envers. Le seau d'eau tout neuf est à côté de moi, avec une petite calebasse. Elles ont mis des plantes dans l'eau, du parfum, de l'encens à côté. Elles retirent le tissu de mes cheveux, puis le boubou, et je reste torse nu, en pagne. Il s'agit maintenant de préparer symboliquement mon corps au « sacrifice ». Elles me versent un peu d'eau sur la tête et chantent en me frottant la peau de cette eau parfumée. Je suis une poupée entre leurs mains, durant une vingtaine de minutes. Après quoi, je peux revêtir les boubous tout neufs, parfumés d'encens, blancs, symbole de ma virginité et de la purification dont j'ai fait l'objet. Un pagne plus épais, plus lourd, et je prends la direction de la chambre nuptiale, la tête dissimulée sous un voile.

Comme il n'y a plus de place dans la maison en ce jour de cérémonie, cette chambre a été préparée de l'autre côté de la rue, chez des voisins mandingues. Une petite pièce étroite aux murs nus, dont la surface au sol ne peut contenir qu'un unique matelas. Un drap blanc le recouvre, et une moustiquaire. La femme qui m'a accompagnée jusque-là me laisse seule.

Il est possible qu'à partir de cet instant mon cerveau se soit bloqué. C'est comme si je refusais de me souvenir de ce qui s'est passé dans cette pièce. Je sais qu'il est entré, mais je n'ai pas voulu le regarder, et je n'ai pas retiré mon voile. Il a éteint l'unique lampe à pétrole, c'est tout ce dont je me souviens. Je me suis réveillée le lendemain matin, vers quatre heures, au lever du soleil. Des cris et des youyous devant la porte venaient de me faire sortir du coma dans lequel j'avais sombré. Le mari n'était plus là, il était déjà parti. Les mamas étaient heureuses, elles avaient ce qu'elles voulaient, et mes copines m'ont dit :

— Mon Dieu, ton cri d'hier soir ! Tout le monde l'a entendu dans le quartier.

Je me souviens de la douleur à ce moment-là, mais pas de mon cri. C'était une douleur si violente qu'elle m'a plongée dans le noir.

Je n'ai rien vu, rien entendu, absente de ma propre vie durant trois ou quatre heures.

Je me suis mise à haïr, et je m'efforce d'ignorer définitivement cette partie de mon corps, dont l'intime blessure ne cicatrisera jamais.

Inconnu

Durant toute une semaine d'isolement, je vais rester sous la protection des tantes dans la maison de grand-père. Elles ont la charge de changer les pagnes souillés par l'horreur de la veille, de me nourrir légèrement, car je dois rester « légère », j'ignore pourquoi, et de m'aider à la toilette. Durant cette période de mariage traditionnel, la jeune fille doit garder le voile du mariage et ne pas quitter la chambre nuptiale pendant huit jours. Et le mari revient toutes les nuits. On m'a installée dans l'ancienne pièce de grand-mère Fouley, transformée en chambre nuptiale, avec un matelas par terre, et je me suis remise à pleurer en songeant à elle. Elle m'aurait peut-être protégée, elle n'aurait pas supporté qu'on me marie de force.

Dans la journée, cette chambre est remplie de monde – mes copines me tiennent compagnie ; le soir, la chambre se vide et le mari arrive. Parfois, il fait une incursion de jour mais ne reste pas longtemps. Je regarde cet étranger du coin de l'œil, furtivement, sans aucune attirance ni désir de le connaître. Il a presque vingt ans de plus que moi et, plus que malheureuse, je suis déçue. J'espérais et j'attendais un homme jeune, quelqu'un qui me corresponde davantage.

Au quatrième jour, ma déception s'est aggravée, car des amis avec qui je jouais au théâtre sont venus me rendre visite, et il en a fait toute une histoire. Des garçons, selon lui, n'avaient rien à faire là! Monsieur était jaloux? Peut-être qu'il m'aimait... Je dirais plutôt qu'il était possessif et macho. Une des tantes a essayé de le calmer.

— Mais arrête, tu exagères un peu, ce sont ses amis, ces garçons vivent avec elle dans ce quartier depuis toujours, ils ont le droit de lui dire bonjour!

— C'est une femme mariée! Ces garçons n'ont pas à entrer dans sa chambre et à s'asseoir près d'elle!

— Ta jalousie, tu la gardes! Ici, tu n'as aucune raison d'être jaloux!

Il s'adressait à ma tante, sans me regarder et en langue soninké, car il ne parlait pas wolof. Ma réaction a été immédiate.

— Mes amis ont le droit de venir me voir!

C'était la première fois que je lui adressais la parole et il ne s'est même pas tourné vers moi.

Le dernier jour de cette réclusion, tout le monde dans le quartier s'attaque à une grande lessive, il faut laver au moins un vêtement, ou un pagne, par maison. J'ignore la signification de cette coutume, j'imagine qu'il s'agit encore d'une forme de purification. Est-ce qu'on lave mon esprit ou mon âme?

La cérémonie prend fin ce jour-là. On tue un bœuf ou un mouton, puis on me sort de la chambre pour me revêtir d'un boubou spécial, tissé à la main, teint en indigo. Je deviens une autre femme, car le mari possède définitivement sa femme et pour toujours dès qu'elle a revêtu le boubou symbolique. Je dois le rejoindre devant tout le monde, lui serrer la main et m'agenouiller devant lui en signe de soumission.

Je ne ressens toujours rien pour cet homme inconnu, à part la peur et le dégoût de ce qu'il m'a fait. Cette peur et ce dégoût reviennent tous les soirs.

Il n'a pas su m'apprivoiser, comprendre que j'étais une petite fille innocente à qui il devait tout apprendre. Il n'a pas été brutal, mais je n'ai eu aucun échange, aucune conversation, avec lui, à part des banalités : est-ce que je voulais manger ou boire quelque chose ? Son éducation ne lui permettait pas d'apprivoiser une femme et de la considérer comme autre chose qu'un corps allongé sur un matelas. Pourtant, il vivait en Europe, à Paris, mais dans un foyer d'hommes immigrés, dont il ne sortait jamais.

Je me suis résignée, puisque de toute façon je ne pouvais plus revenir en arrière. J'ai adopté l'indifférence, le seul sentiment dont j'étais capable. Comme il devait repartir, c'était un mauvais moment à passer, il n'y avait qu'à prendre patience, fermer les yeux et serrer les dents. Pourtant, quelques jours plus tard, il m'emmène à la mairie car il doit rapporter en France une preuve de son mariage civil, soi-disant pour son employeur. Je ne l'ai pas bien compris sur l'instant, mais il mentait : en réalité, il voulait bénéficier du regroupement familial. Il était venu m'épouser dans l'idée de ne pas me laisser au pays ! Sa première femme l'ayant trompé au village, il était décidé à ne pas subir le même avatar. Mais j'ignorais qu'il avait l'intention de me faire quitter ma famille.

Nous voilà partis pour la mairie. Je suis habillée en grande dame pour la première fois, boubou blanc et tous mes bijoux, ce qui fait bien rire mes copines de classe.

Je n'oublierai jamais cet officier d'état civil ! S'il avait été blanc, il serait devenu gris de désapprobation. Il commence par demander la date de naissance de madame.

— 1959.

Il reste trois bonnes secondes sans réagir, puis :

— Répétez, s'il vous plaît.

— 1959...

— Je suis désolé, monsieur, elle n'a pas le droit d'être mariée, elle n'est pas majeure.

À l'époque, la majorité au Sénégal pour le mariage des filles était à quinze ans, elle est passée à dix-huit depuis.

J'aurais voulu lui sauter au cou, et je ne pouvais pas ! Mon mari est accompagné d'un intermédiaire qui parle wolof, et insiste lourdement.

— Si, on peut le faire !

Mais le fonctionnaire n'a pas l'intention de se laisser faire, voire corrompre.

— Non, non... elle n'est pas majeure, elle ne peut pas se marier.

— Mais elle est déjà mariée avec ce monsieur, il lui faut ce papier pour le mariage ici.

— Je suis désolé, elle n'a pas l'âge !

Mon mari s'est décidé à utiliser l'arme magique en Afrique. Avec un billet, tout s'arrange !

— Bon, demandez-lui ce qu'il veut.

Traduction diplomatique de l'intermédiaire, moitié en français, moitié en wolof.

— On peut arranger ça ? On peut faire quelque chose ?

— Je ne sais pas ce qu'il faut faire pour ça, monsieur, tout ce que je sais, c'est que cette fille ne peut pas se marier, en tout cas pas à la mairie. Aucune loi au Sénégal ne l'autorisera à obtenir un certificat de mariage. Elle ne peut pas !

Je n'ai pas droit à la parole, je ne peux pas embrasser ce fonctionnaire à travers son guichet, je ne peux pas sauter de joie, de soulagement, mais, en sortant de ce bureau d'état civil, je me sens rassurée. Cet homme m'a rendu mon enfance, il m'aide à comprendre à quel point je ne suis pas prête pour le mariage.

Mes parents ignoraient cette règle de la majorité à quinze ans. Pour eux, les mariages civils ne comptent pas, il n'y en a pas souvent à cette époque. Seule compte la cérémonie à la mosquée. Mon mari est fâché, l'intermédiaire aussi, tout le monde est fâché, sauf moi, et le fonctionnaire, outré, qui a bien fait son travail.

Évidemment, en Afrique, il y a des solutions à tout, surtout au niveau administratif. On trouve toujours l'ami d'un cousin, de l'oncle d'Untel, qui connaît un fonctionnaire plus arrangeant ailleurs...

Je ne sais toujours pas que je vais partir un jour en France, mais, dès le lendemain, nous nous rendons dans une ville de province, où, au bout de trois ou quatre heures, je suis doublement mariée contre mon gré. Pourtant, il n'a rien changé d'autre que la date du mariage, évidemment ! Mon âge est resté officiellement le même.

Après un court voyage dans le village natal de mon mari, donc le même que celui de mon père, dans la vallée du fleuve, l'époux va regagner son foyer d'immigrés en France. Ces quelques derniers jours à Thiès avant son départ, nous nous sommes disputés quasiment une fois par jour, sur des détails que je ne supportais pas : mon grand frère n'a pas le droit de s'allonger sur mon lit pour bavarder et rire avec moi.

— Ça ne se fait pas !

Sa jalousie, encore sa jalousie. Elle va d'ailleurs nous empoisonner la vie.

Cet homme vit en France depuis les années 1960, mais il n'a pas évolué, il n'a même pas cherché à apprendre à lire ni à écrire. Il n'a songé qu'à travailler pour rapporter de l'argent, et il n'est pas le seul dans ce cas. C'est le but de la grande majorité des immigrés de cette époque, et encore aujourd'hui. Je me rendrai compte plus tard que les communautés africaines immigrées, à Paris par exemple, vivent en cercle fermé, que leurs règles et surtout leur comportement social sont énormément liés à l'argent.

En ce qui concerne son mariage, mon époux conciliait toutes les traditions. Il épousait au pays quelqu'un de la famille, une Soninké, originaire de son propre village. Il avait divorcé de sa première épouse, dont il avait honte, et s'apprêtait à ramener en France une toute jeune fille fraîchement déflorée, qui, selon ses critères d'immigré, « ne lui poserait pas de problèmes de soumission », récupérant ainsi son statut de mâle et son honneur.

J'ai souvent entendu cette phrase, dans la bouche des hommes immigrés : « J'ai eu des problèmes avec ma première femme, alors je suis retourné au pays épouser une petite jeune ! »

Ils pensent pouvoir modeler une gamine à leur convenance, parce qu'elle n'a pas la maturité nécessaire pour leur résister.

À treize ans et demi, j'entrais parfaitement dans ce cadre, sauf que j'allais encore à l'école : je savais lire et écrire, il me restait à apprendre à penser. Et aussi la patience.

Il est parti, je suis soulagée, je peux entrer en sixième, retrouver les copines, et me croire libérée du devoir conjugal. Je le redoute, quelque chose en moi s'est définitivement bloqué, et je le regretterai toute ma vie. Car j'ai eu l'occasion de côtoyer des épouses épanouies, heureuses, et dont l'existence nous faisait rêver, mes copines et moi.

Tante Marie ! Extraordinaire tante Marie ! J'ai environ quatorze ans lorsqu'elle épouse un de mes oncles. C'est un tourbillon de séduction, un exemple de la femme sénégalaise indépendante.

C'est une grande commerçante. Elle voyage entre Dakar et Bamako pour acheter et vendre des produits. C'est le genre de femme qui peut tout faire pour son mari. Soumise, mais à certaines conditions et avec des limites. Quand elle épouse cet homme, elle a déjà eu deux maris dont elle a divorcé. Elle a une quarantaine d'années, elle est autonome et indépendante. Une fois mariée à cet oncle qu'elle adore et qui l'aime, elle conserve sa maison, et c'est lui qui vient la voir. Il a deux autres femmes, mais tante Marie vit la polygamie avec d'autant plus d'aisance qu'elle n'habite pas avec elles. C'est un mariage d'amour extraordinaire.

Lorsque son mari est en visite chez elle, elle prépare d'abord un dîner de roi. La chambre est embaumée, de l'encens partout, les draps luisants d'amidon. Cet encens, elle le prépare elle-même : un mélange de graines pilées macérées dans de l'eau de lavande. Elle y ajoute beaucoup de parfums venant d'Arabie, du musc et autres plantes aromatiques. Les Sénégalaises font leur propre mélange de parfums et rivalisent d'invention pour obtenir le plus subtil et le plus enivrant. Tante Marie est de la caste des forgerons, sans aucun complexe, comme les femmes de la caste des griots, et d'autres. C'est la grande différence entre elles et la caste des nobles. Chez nous, on ne parle pas de sexe ouvertement, alors qu'elles sont libres de ce côté, et s'expriment facilement.

Je l'écoutais en cachette expliquer aux grandes filles l'usage des parfums, des perles et des boubous pour séduire un mari ou l'homme qui les courtise.

— Tout doit être propre dans la maison et embaumé d'encens, mais juste ce qu'il faut. Ne jamais aller dans l'excès. Et quand l'homme arrive, tu l'accueilles. Là, ta démarche doit changer. Tes yeux doivent pétiller en le voyant. Il faut savoir aussi comment le servir. D'abord, tu l'aides à se débarrasser de ses vêtements. À table, tu dois rester près de lui. Si tu as fait du poisson, il faut lui enlever les arêtes. Si c'est de la viande, la lui couper. Si c'est du poulet, lui détacher les morceaux à la taille de sa bouche. Pour les boissons, tu dois savoir faire des mélanges. Le *bissap* (la fleur d'hibiscus), le jus du « pain de singe » (fruit du baobab), le tamarin, le gingembre, tu les prépares d'avance. Il faut ajouter des épices qui leur donnent un goût spécial : sucre, muscade, gingembre, fleur d'oranger, extrait de banane, extrait de mangue... Mais surtout trouver ta touche personnelle, comme pour l'encens.

« Lorsqu'il a terminé son repas, ne le laisse pas aller se coucher avant toi. Tu t'installes la première de manière à l'accueillir sur le lit. Il doit comprendre, en arrivant, que tu es fin prête pour lui. Ne garde que ton petit pagne sur les reins, et il doit être le plus beau, et porte toujours des perles autour de la taille. Les perles sont là pour séduire.

« Et là, quand tout se passe bien, tu peux lui demander la lune : il ira la chercher pour toi !

De temps en temps, le soir, on voyait venir tante Marie, habillée comme une reine et magnifiquement belle aux côtés de son époux vêtu du même tissu que sa femme. Tante Marie rapportait toujours de ses voyages des étoffes superbes pour lui faire des vêtements assortis aux siens. Ils descendaient d'un taxi pour saluer ma mère, et allaient au cinéma.

Ce couple me faisait rêver. Elle avançait d'une démarche souveraine, dans son boubou éblouissant, le visage noir d'ébène, si belle dans son aisance, laissant dans son sillage un parfum d'encens inégalable. Mais tante Marie était aussi la femme capable de dire à son mari, s'ils s'étaient disputés : « J'ai un couteau sous mon oreiller ! » ou : « Je ne veux pas te voir. »

Et les autres épouses enrageaient, car elles ne pouvaient pas la concurrencer, elles n'étaient pas autonomes, donc réduites à la soumission, alors que tante Marie « portait la culotte » dans son mariage. Un jour, au cours d'une fête, elle était en froid avec son mari après une dispute quelconque (elle lui avait signifié : « Je ne veux pas te voir ! »). Les autres épouses étaient présentes à la fête, les gens dansaient, les tam-tams traditionnels menaient la danse des forgerons et tous les hommes s'élançaient sur la piste. Tante Marie, en voyant son mari se lever pour danser, observant les deux autres épouses dans leur coin, s'est avancée toujours royalement, balayant les gens au passage de son boubou magnifique, et d'un seul mouvement elle a enlacé son mari pour l'entraîner dans la danse.

Elle nous faisait tant rire. Quelqu'un à côté de moi a dit :

— Au moins, cette femme, elle sait ce qu'elle veut.

J'adorais cette femme. Je n'étais pas du tout préparée à vivre comme elle, et je savais que je ne le pourrais pas. Elle aimait et elle était aimée, en dehors de sa liberté de femme forgeronne, c'était la grande différence.

Le plaisir physique, chez une femme excisée, est possible ; elle n'en parle jamais en tout cas, mais l'éducation qu'elle reçoit lui met en tête, dès le plus jeune âge, que le plaisir n'est pas pour elle. On ne nous le dit pas de manière aussi explicite, on nous prévient pudiquement qu'il ne faut jamais dire non à son mari, même si on est malade. On ne nous donne que des règles et des devoirs envers le mari : « Écouter les paroles de son mari, ne pas aller là où le mari ne veut pas, ne pas fréquenter d'amies que le mari n'aime pas, en toute circonstance obéir à son seul désir, lui seul a le droit de désirer, et donc droit au plaisir. »

On nous lave le cerveau, on nous charge d'un interdit à vie : ton corps ne t'appartient pas, ton âme ne t'appartient pas, ton plaisir ne t'appartient pas. Rien ne t'appartient. L'endroit qui pouvait nous offrir cette sensation de désir puis de plaisir nous est enlevé pour freiner toute envie sexuelle. Et, comme la jeune épouse encore enfant tombe sur un mari dont l'éducation, les traditions l'empêchent d'évoluer, il se contentera d'elle en guise d'objet, il ne la prendra en considération que pour les enfants que son ventre lui donnera, sans se douter que sa propre sexualité de mâle est également d'une morne tristesse, réduite au défoulement physique, sans plaisir partagé. La seule chance pour une femme excisée d'être libérée de cet interdit, aussi physique que mental, est de rencontrer un homme attentif, patient, et surtout véritablement amoureux d'elle – encore n'aura-t-elle pas droit à l'orgasme, il ne faut pas rêver.

Lorsque j'ai compris que j'allais partir en France rejoindre cet inconnu, je n'étais certes pas enchantée. Si je l'avais aimé, ce départ aurait été plus facile à accepter – même si, à mon âge, on ne quitte pas si facilement sa famille, ses copines et son pays.

J'espérais que ce voyage ne se réaliserait pas, et j'ai vécu dans cet espoir toute une année.

J'ai donc quatorze ans et demi lorsque l'oncle de mon mari, qui habite Dakar, me fait venir pour établir un passeport et faire les vaccinations d'usage. J'ai dû abandonner l'école au premier trimestre après mon mariage. Pour les parents, « l'école est finie » ! Même si les professeurs insistent, la famille estime que ce n'est plus la peine, sa fille a un avenir : son mari. On m'a inscrite, en attendant, dans un cours de formation pour la couture et la broderie.

Heureusement pour moi, pendant mes deux dernières années d'école, je me suis donnée à fond, ce qui m'a permis de maîtriser le français au mieux et de l'écrire. Mon mari m'a entretenue dans le faux espoir que je pourrais reprendre l'école en France et avoir un diplôme, promesse qu'il s'est bien gardé de tenir. C'était la clé de mon indépendance, or j'ai été éduquée par des femmes indépendantes qui, bien que traditionnellement soumises, n'ont jamais rien attendu de leurs maris en matière de survie.

J'ai donc appris la couture, le tricot et le crochet, dans ce centre de formation où je pouvais aussi continuer à me perfectionner en français.

À Dakar, l'oncle me fait faire des photos, des vaccins, un passeport. Je partirai par avion et, en attendant, je retourne à Thiès, juste à temps pour assister à la mort de ma grand-mère maternelle. Elle qui avait dit à mon père que je « passerais par le trou du serpent » nous quitte, victime d'une maladie dont une fois de plus on ne nous dit rien.

Chaque matin, lorsqu'on lui disait : « Grand-mère, bonjour, comment va ta santé ? », elle répondait : « Écoutez-moi bien ! Je sais que je vais mourir, mais vous devez rester unies, proches les unes des autres, et écouter vos mamans. »

Elle est entrée à l'hôpital pour ne plus en ressortir. Grand-mère Aïsatou avait présidé à mon mariage, et me quittait au moment même où j'allais devoir l'affronter de près.

Elle n'avait que soixante-cinq ans environ.

Le messager habituel est arrivé de Dakar à la fin des vacances pour annoncer que le passeport était fait, et que l'on n'attendait plus que le billet. Je devais m'apprêter au départ. Ce mois d'octobre 1975, mon père est en Côte-d'Ivoire pour quelques mois. Seules ma mère et sa sœur m'accompagnent. Je ne sautille pas de joie, j'éprouve de la tristesse à laisser ma famille, cette maison où j'ai été heureuse, et pourtant je veux quand même partir, car partir, c'est aussi soutenir ma mère. Mon but est d'apprendre un métier, d'avoir un salaire pour, comme toutes les autres jeunes filles sénégalaises, aider maman, lui donner des conditions de vie meilleures, et réaliser son souhait d'aller à La Mecque. C'est le rêve de tout enfant sénégalais, s'il en a les moyens un jour. Petite, j'étais plus proche de grand-mère Fouley, qui m'élevait, que de ma mère ; à l'adolescence, j'ai commencé à l'admirer et à l'apprécier. Et, surtout, à comprendre les souffrances qu'elle avait vécues sans jamais le montrer. Je voyais en elle une grande dame ; même illettrée, elle avait tout fait pour nous éduquer. Et chaque fois que l'école nous demandait un sou pour un cahier, même si elle devait l'obtenir à crédit, elle courait le chercher. Elle s'est sacrifiée pour nous, n'achetait rien pour elle. Nourriture, vêtements, soins : elle a tout assumé.

Trois jours durant, elle a préparé mon départ, acheté des condiments, des épices, tout ce que je pouvais emporter pour ma nouvelle vie en France.

Et me voilà à l'aéroport de Dakar, face à cet avion, cet oiseau de fer que je contemple de près pour la première fois. Je dois monter dedans et il va s'envoler. Je traverserai les mers pour arriver là où je vais. Est-ce que j'y parviendrai ? Est-ce que cet avion ne va pas tomber dans la mer ? Est-ce que cet oiseau ne va pas briser son aile ? On m'a dit qu'il fallait toute une journée pour parvenir là-bas. Je monte dans cet avion avec une véritable appréhension, et m'installe à côté d'une autre jeune fille, encore plus apeurée que moi. Le bruit, les portes qui se referment, les moteurs qui grondent... je m'accroche à mon siège, crispée, avec l'impression que ma dernière heure est venue.

Il était dix heures du matin environ quand l'avion a décollé, et, en voyant les maisons, le port, la mer s'effacer dans les nuages, j'ai vraiment pleuré à chaudes larmes ; j'ai compris que c'était fini, trop tard pour sauter, échapper à cet avenir inconnu. Beaucoup d'images m'ont traversé l'esprit à ce moment-là, comme un album de photos d'enfance – l'école, les copains et copines, les grands-mères qui sont parties et leurs câlins, grand-père qui prie pour moi alors que je quitte la maison, ma mère et ma tante, à l'aéroport, levant la tête vers cet avion qui m'emporte, pleurant certainement de me laisser partir seule et sans aide. J'étais vraiment seule. À quatorze ans, j'allais m'occuper d'une maison inconnue, d'un homme inconnu dans un pays que je n'avais jamais vu qu'à la télévision.

Une fois dans les nuages, une dame nous apporte des plateaux-repas. La jeune fille à mes côtés contemple ce plateau d'un air angoissé sans y toucher.

— Tu ne manges pas?

— Non, j'ai pas d'argent pour payer.

D'un coup, ma tristesse s'est envolée et j'ai éclaté de rire. Au moins, mon oncle m'a avertie que je pourrais manger dans l'avion, et que le repas est compris dans le prix du billet. Elle, on ne lui a rien dit.

— Moi non plus, j'ai pas d'argent, mais on ne paie pas ici.

Comme elle n'a pas l'air convaincu, je pose la question à l'hôtesse pour la rassurer. Elle a finalement compris qu'elle pouvait manger.

De toute façon, nous n'avions pas vraiment faim, toutes les deux avions le ventre noué. C'est une jeune femme peule de mon âge, qui va rejoindre son mari comme moi pour la première fois : elle ne l'a même jamais rencontré. Ni l'une ni l'autre ne savons où nous allons exactement. Son mari doit l'attendre à l'aéroport, le mien aussi, c'est tout. Ils nous emmèneront quelque part. Où? Mystère.

Je songeais que, s'il n'était pas là, je serais complètement perdue, et bonne pour reprendre l'avion du retour. L'hôtesse, une Africaine très sympathique, devait se poser des questions à notre sujet, ou alors elle avait compris le but de notre voyage. Elle revenait régulièrement demander :

— Ça va? Et toi? Ça va?

Quand une voix nous a dit que l'avion allait atterrir, il n'y avait plus de soleil. C'était la deuxième tristesse de ce voyage, je ne voyais plus que des nuages gris, la nuit tombait déjà, en cet après-midi d'octobre, sur un aéroport sinistre.

On m'avait appris une chose importante : si tu ne sais pas comment faire quand tu arrives quelque part, fais comme les autres. Si tu ne sais pas où aller, suis les autres.

J'ignorais où récupérer les bagages, je croyais bêtement qu'on nous les rendrait à la sortie de l'avion ! Comme je n'avais rien vu, j'ai suivi la foule.

On a donné nos passeports, ils ont regardé. Moi, je suis passée. Mais la fille, non, ils lui ont dit de patienter. Peut-être que ses papiers n'étaient pas complets, ou qu'elle devait attendre son mari. Et je l'ai perdue de vue. Tous ces escaliers roulants, à Roissy 1, c'était la première fois : j'ai suivi les gens. Et j'ai découvert les tapis avec les valises dessus. Je me disais : « Où sont mes valises ? » Et quand je les ai vues, là... Le modernisme, c'est même pas des gens qui portent les valises, elles arrivent toutes seules. Je gardais ça pour moi : il faut avoir l'air d'être intelligent et de tout connaître, même si on ne connaît rien. Quand j'ai aperçu ma valise, un monsieur m'a dit :

— C'est votre valise ?

— Oui, oui.

Il me l'a donnée. Je l'ai prise. Et j'ai continué à suivre les gens. Ce monsieur m'a dit :

— Montez là, c'est en haut la sortie, faites comme tout le monde.

J'y suis allée. Et quand j'étais sur cet escalier, il s'est produit une chose à laquelle je ne m'attendais pas du tout. Je n'avais qu'une envie, c'était de repartir, je ne voulais plus continuer. Quand l'escalier est arrivé en haut, je voulais redescendre par l'autre escalier. Et là, il y avait des gens qui me faisaient signe pour m'appeler. Mon mari était là, avec deux copains. L'avion était rempli d'Africains et de Blancs mélangés. C'était la première fois que je voyais autant de Blancs d'aussi près. J'en voyais de temps en temps, j'en avais croisé à Dakar, mais jamais autant. L'impression que j'avais d'eux venait de se dissiper parce que, là, je découvrais des êtres humains comme moi. Pourquoi les femmes ont des cheveux si longs et si lisses, si beaux ? Pourquoi moi j'ai des cheveux crépus ? C'est ce qui m'a frappée. Et aussi pourquoi les Blancs ont toujours un nez très long, bien pointu ? Et la chose qui m'a impressionnée, ce sont les yeux. De voir des yeux verts, des yeux bleus... Les yeux verts, ça m'a choquée. Je me suis dit : « Ce sont des yeux de chat. » Et j'avais peur des gens aux yeux verts. Quand tu croises ces gens, que tu les regardes dans les yeux, qu'ils te regardent dans les yeux, ça te fait un choc.

À ce moment-là, je ne sentais pas de différence. Mais je me sentais étrangère. Je me disais : « Mais qu'est-ce que je viens faire ici ? » C'était la première fois que je voyais autant de Blancs qui piaillaient, qui parlaient. À la télé, ce sont toujours des gens BCBG, bien habillés, chic, et là, à l'aéroport, c'étaient des gens normaux, tout simples.

Quand j'ai aperçu ces trois hommes qui m'attendaient, je me suis dit que je ne pouvais plus faire marche arrière, qu'il fallait y aller. Ce sont des images qui restent. Je n'ai pas fait un sourire. J'ai serré la main à chacun d'eux. Ils m'ont demandé si j'avais fait bon voyage, comment j'allais, comment se portait la famille, etc. Et nous sommes partis. Nous avons pris un taxi. Et j'ai atterri aux Lilas, porte des Lilas.

Intégration

Je vis maintenant au quatrième étage d'un immeuble parisien. Dans un petit appartement, avec chambre à coucher, salon et coin cuisine, baignoire et toilettes. C'est un immeuble ancien rénové. Ce n'est pas un taudis, mais un univers étriqué, où la solitude et la tristesse me font pleurer sans cesse.

Mon mari, à l'époque, confie même à un cousin :
— Si elle continue de pleurer comme ça, je la renvoie.

Je n'ai pas dû pleurer suffisamment. Il part tous les matins et revient à la nuit. Je ne le vois quasiment pas. Durant plus de deux semaines, je n'ai pas le courage de descendre dans la rue. Je dors dans la journée, ou je passe mon temps à regarder par la fenêtre, et je n'aperçois que des immeubles partout, un environnement gris. Il ne m'a pas emprisonnée, c'est moi qui m'enferme parce que je n'ai nulle part où aller, je ne connais rien de ce nouveau monde, ni personne. Il préférerait peut-être que je reste ainsi immobile et passive, que je n'évolue pas du tout. Au bout de deux semaines, je quitte cette prison, mais avec lui, et pour saluer les hommes du foyer où il a vécu.

Six hommes adultes confinés dans une petite chambre. Ils m'ont accueillie paternellement et me donnent des conseils, les seuls qu'ils estiment devoir me rappeler.

— Tu dois bien écouter ton mari, c'est lui ton père, c'est lui ta mère, ici, en France, c'est lui qui t'a amenée. Tu dois lui obéir, tu dois lui demander la permission pour tout. Ne sors pas toute seule, ne parle pas à n'importe qui...

Au retour, mon mari s'est arrêté pour acheter de la viande, en bas de notre immeuble. La bouchère et son mari, un couple de Blancs déjà âgés que je voyais pour la première fois, m'ont dévisagée avec sympathie, surtout la dame.

— Ah, c'est bien ! Vous parlez français, c'est très bien ! Parce que, lui, il ne parle pas bien le français. Comme ça, avec vous, au moins, on peut discuter, descendez nous voir quand vous voulez, ma fille.

Encouragée par l'accueil sympathique, je vais effectivement de temps en temps rendre visite à cette bouchère et à son mari pour parler un peu.

— Vous devez vous sentir bien dépaysée, vous avez sûrement froid !

Elle s'efforce de m'apprivoiser, car je reste là, sur le tabouret de la boutique, à regarder les gens passer, sans envie particulière, inerte. Un jour, elle me dit :

— Au fait, j'avais oublié, ce matin une dame est passée. Elle vient souvent. D'ailleurs, elle dit toujours bonjour très gentiment... En Afrique, vous êtes très polis ! C'est une Sénégalaise comme vous, elle n'habite pas loin d'ici, et je lui ai parlé de vous. Peut-être qu'avec cette personne vous seriez moins triste ? Elle est du même pays, elle parle la même langue.

Lorsque j'ai rencontré cette femme, une heure plus tard, je me suis levée de mon tabouret avec un soulagement indescriptible. Enfin quelqu'un qui me ressemble, une femme de chez moi ! Et qui parle le soninké ! Une sœur.

— À partir de demain, tu m'attends chez toi, je viens te chercher, on ira ensemble au marché.

Je retrouve une certaine énergie. Je me lève très tôt et, dès que mon mari part au travail, je fais vite le ménage, prépare le riz, puisqu'il n'aime que ça, et file avec cette dame.

Quand elle m'a présenté une autre femme de Dakar, j'étais réellement contente. Ces deux femmes m'ont servi de guide et beaucoup soutenue. Puis mon mari m'a présenté, à son tour, deux femmes maliennes, les épouses d'un de ses amis. J'ai vu pour la première fois en France des épouses d'un polygame. Elles faisaient la cuisine dans les foyers africains, et m'ont proposé de les aider, au lieu de rester toute seule dans mon coin. J'avais maintenant quatre relations amicales avec ces femmes, dont trois travaillaient, et je les croyais autonomes. Mais j'ai vite compris que les Maliennes donnaient une bonne partie de leur argent à leur mari.

Nous avons quitté l'appartement de la porte des Lilas pour une grande pièce, au loyer moins élevé, avec une cuisine et une salle de bains. Ensuite, nouveau déménagement en avril 1976 pour une pièce unique encore moins chère, hélas sans douche, qui ne revenait qu'à cent cinquante francs de loyer mensuel. Je n'avais pas le choix, et j'étais déjà enceinte, trois mois après ma venue en France. J'ai obtenu une baignoire dans laquelle je pouvais faire ma toilette avec un seau d'eau.

Le jour de l'emménagement, alors que je descendais des sacs-poubelle dans la cour de l'immeuble, une voix m'a interpellée :

— Tu ne peux pas dire bonjour, toi ?

C'était une femme française qui habitait l'immeuble. Apparemment, elle m'avait vue arriver la veille et m'avait dit bonjour, mais je n'avais pas répondu.

— Excusez-moi, bonjour, madame.

Je viens de rencontrer ma maman française ! Elle a l'âge de ma mère environ, et s'appelle Nicole. Tous les matins de cette semaine-là, elle est venue me dire bonjour, puis elle a amené son mari, très serviable.

— Si tu as besoin de quoi que ce soit, n'hésite pas à demander.

J'étais étonnée de cette rencontre et surtout de cette gentillesse. Nous étions peu de femmes africaines à cette époque, et jamais, à aucun moment, je n'ai ressenti dans ce quartier le moindre rejet, la moindre ombre de racisme. À peine un certain étonnement chez Mme Rosa, la gynécologue qui suivait ma grossesse.

— C'est pas possible ! Mais tu es si jeune ! Une vraie petite gazelle !

J'étais assez mûre, je pouvais faire à manger, organiser une maison, être enceinte, mais je ne réfléchissais pas plus loin que mes tâches ménagères, et, physiquement, j'étais encore une enfant. Je suppose que, dès la première auscultation de grossesse, elle a vu la cicatrice de l'excision mais n'a posé aucune question, en tout cas pas à moi. Elle s'entretenait avec mon mari après chaque consultation, et lui ne m'expliquait rien.

Durant tout ce temps, d'ailleurs, le dialogue avec mon mari ne s'est jamais instauré. Nous vivions ensemble, échangions les paroles strictement nécessaires, sans plus. Ni conversations ni confidences. Il était seulement mon cousin, quelqu'un que je connaissais un peu, un membre de la famille avec qui je cohabitais, et j'étais incapable d'avoir pour lui d'autres sentiments. Ni haine, ni tendresse, ni amour. Rien qu'une indifférence triste. Je recevais de temps à autre des nouvelles de ma famille, qui était aussi la sienne, je lisais les lettres pour lui, sauf certains courriers qu'il emportait au foyer pour les faire lire par quelqu'un d'autre. Mais je n'étais pas curieuse, c'était son affaire. Je ne me plaignais de rien à ma mère, je ne lui avais même pas dit que j'étais enceinte, j'ignorais s'il fallait la mettre ou non au courant. Lorsqu'une fille de mon âge est enceinte, loin de chez elle, doit-elle le dire ou non ? Je n'avais plus de repères. En Afrique, les femmes de la maison se seraient rendu compte de mon état, probablement avant moi, et la question ne se serait pas posée.

Ma grossesse est assez difficile. J'ai des nausées, des envies, je mange mal, peu habituée à la nourriture européenne. Il me manque le mil, le *tiep* (notre plat national à base de riz et de poisson) et les condiments de mon enfance. Un jour, comme je voulais absolument me procurer des produits africains, mon mari m'a accompagnée jusqu'à la boutique d'un épicier antillais, qui en vendait, pour acheter du couscous. J'ai vu, ce jour-là pour la première fois de ma vie, tomber la neige, et j'ai glissé lourdement sur le dos. J'ignorais alors le mot « neige », et j'ai écrit à ma mère : « Il a plu de la glace. »

C'était triste, froid ; heureusement, la petite communauté de l'immeuble était chaleureuse. Il y avait maman Nicole et son mari, un couple de Tunisiens, une dame d'origine espagnole, une autre Française avec deux petites filles, et une vieille dame que tout le monde appelait Mémé. Elle était âgée, toujours pimpante et maquillée, avec une petite robe blanche. Sa fenêtre donnait sur l'entrée de cet immeuble. Mémé voyait tous ceux qui entraient et sortaient. Elle était à la retraite, et toujours gaie. J'avais retrouvé une grand-mère mais à la peau blanche, qui plaisantait et riait facilement. Elle appelait mon mari « Bamboula ». Ce mot inconnu me faisait rire. Nicole m'a montré alors des petits livres de sa jeunesse ornés de la publicité Banania... J'ai découvert ces caricatures que les Blancs faisaient de la population noire ; pour eux, nous étions des « Bamboula » ; pour nous, ils étaient des « toubabs », un nom né de la colonisation. Pour moi, les toubabs sont une ethnie, celle des Blancs – ce n'est ni péjoratif ni méprisant, juste un nom. À l'époque où je suis arrivée en France, il n'y avait rien de méchant associé à ce terme. Ces gens nous respectaient, ils étaient gentils, on se disait bonjour correctement, on se rendait des services. Nicole ou Mémé m'appelaient par mon prénom ; j'aurais pu me confier à elles, mais je ne le faisais pas, alors qu'elles devinaient forcément que j'avais besoin d'aide pour m'adapter et supporter ma grossesse. Pour elles, je n'étais encore qu'une enfant ; chez moi, j'étais déjà une femme, et bientôt une mère. Je ne demandais rien à personne à ce moment-là, à cause d'une pudeur due à mon éducation, ou par orgueil, voire méfiance, car, même si nous avions la langue française en commun, la culture et les traditions de mes voisins étaient bien différentes. Une grand-mère comme Mémé, par exemple, n'aurait jamais vécue seule, isolée chez elle, et sans enfants pour l'aider. La solidarité et le respect sont des principes très importants chez nous. On ne pouvait pas voir une grand-mère marcher seule avec ses paquets sans courir pour l'aider. C'est une des premières choses qui m'a choquée en France, ce manque de soutien, d'affection et de respect pour les personnes âgées. On dit chez nous qu'une personne âgée doit toujours avoir un enfant à côté d'elle, simplement pour lui donner un verre d'eau. Alors, si je parlais français avec mes voisins, je ne parlais pas de moi-même, je me limitais aux banalités. J'ai raconté un peu de ma vie au Sénégal, mais beaucoup plus tard, à « maman Nicole ». Durant mes derniers mois de grossesse, elle a toujours été présente.

— Tu as besoin de quelque chose ? Je vais faire les courses.

Nicole faisait aussi les courses pour Mémé. Un jour, elle m'a apporté un paquet de linge pour le bébé. Des choses ayant appartenu à ses deux garçons. Comme l'aîné avait mon âge, elle devait penser que, si j'avais été sa fille, je serais en train de jouer dans la cour ou à l'école. Elle m'a donné des petits draps, des couvertures d'enfant. Elle a expliqué à mon mari ce qu'il fallait acheter pour le bébé. Chaque fois que quelque chose n'allait pas dans ce vieil immeuble, j'appelais François, son mari, fin bricoleur, et il descendait aussitôt avec ses outils pour réparer un robinet ou une prise électrique, il savait tout faire. J'ai eu de la chance, en arrivant en France, de tomber sur eux. Le bon Dieu ne m'a pas abandonnée en les mettant sur ma route.

Début juin, je n'étais pas bien. Les douleurs venaient puis s'en allaient et, à la fin de la semaine, je souffrais tellement que j'ai demandé à entrer à l'hôpital.

Les infirmières et la sage-femme m'ont trouvée certainement bien jeune, mais ne s'en sont pas étonnées outre mesure. Elles commençaient à accoucher des mamans africaines, ou maghrébines, et toutes les femmes immigrées qui arrivaient en

France à cette époque étaient souvent aussi jeunes que moi.

Les infirmières m'ont dorlotée, et surtout remonté le moral.

— Ne pleurez pas, ça va aller. Vous allez voir, l'équipe est géniale, ça va bien se passer.

À un moment donné, une dame est venue me dire :

— J'ai une bonne nouvelle pour vous, mon petit, la personne qui va vous accoucher vient du Sénégal. C'est une Française, elle était partie en vacances au Sénégal et elle reprend son service dans une heure. Vous allez voir, ce sont des mains qui arrivent toutes chaudes de chez vous, avec le parfum du pays ! J'aimerais bien y aller aussi. Avec tout ce qu'on voit à la télévision sur votre pays, ça donne envie !

Je ne pouvais pas lui raconter mon pays à ce moment-là, je souffrais trop, mais l'idée que les mains qui allaient accueillir mon enfant venaient de chez moi me réconfortait. J'ai accouché avec beaucoup de difficultés, de souffrances et de déchirures, peut-être dues à mon jeune âge, ou à la cicatrice de l'excision. À cette époque de ma jeune vie, j'ignorais les conséquences de cette mutilation. Pour moi, tout était normal, souffrir était normal.

Ma fille est née à huit mois et quelques jours. Lorsqu'on l'a posée sur mon ventre, j'ai fondu en larmes. J'aurais tant voulu que ma mère soit là. En Afrique, quand une femme accouche, la mère ou la grand-mère s'occupe immédiatement du bébé et de la mère.

J'avais seize ans. Ma première petite fille, Mouna, me donnait l'espoir d'une vie meilleure avec mon mari. Il la prenait dans ses bras, riait avec elle ; c'était un bon père, mes sentiments pour lui allaient peut-être changer. J'étais prête à faire des efforts dans ce sens et à suivre le conseil des grands-mères : apprendre à aimer mon mari. Cet espoir était vain, je n'y suis jamais parvenue.

Mouna était un bébé sage dans la journée, mais pleurait beaucoup la nuit. Après une semaine à l'hôpital, j'ai regagné le petit appartement. Les amis, les cousins, les oncles du foyer d'immigrés sont venus nous voir et prier pour que le bébé ait une longue vie, pour que sa mère ait beaucoup d'autres bébés. Chacun a apporté un petit billet ; selon son degré de parenté, au Sénégal, les femmes donnent du sucre et du savon. Le savon pour laver les habits du bébé tous les matins et le sucre pour les repas de la mère. En France, les Blancs offrent des fleurs !

Les infirmières m'ont appris à allaiter, à baigner et à soigner l'enfant : sans ma mère, j'étais une jeune maman perdue. Traditionnellement, chez nous, le baptême consiste à souffler le nom dans l'oreille du bébé, au septième jour après sa naissance ; avant cela, il n'a pas de nom, ça ne se fait pas. Ce qui m'a frappée alors, c'est l'obligation de choisir ce nom dès la naissance de l'enfant, et parfois bien avant. J'ignorais que l'état civil français avait la priorité sur nos traditions. Les oncles ont soufflé dans l'oreille de Mouna, j'ai essayé de lui chanter, la nuit, les berceuses dont je me souvenais. Je l'ai massée avec du beurre de karité, comme au pays. J'ai reporté sur elle tout l'amour que je ne parvenais pas à éprouver pour son père, mais il nous manquait à toutes les deux l'amour de la famille. Au pays, l'enfant est roi, la mère est dorlotée, tout le monde s'en occupe, et le fait d'être mère réveillait une immense nostalgie qu'il m'était impossible de confier. J'avais pourtant de la chance. Dès mon retour à l'appartement, maman Nicole était là ! Elle avait préparé le berceau, soigneusement rangé les affaires, et chaque matin elle venait m'aider à baigner Mouna, et me regardait la masser longuement. Les gestes des grands-mères me revenaient instinctivement. En tout cas, je faisais de mon mieux.

Maman Nicole était certainement choquée de me voir déjà mère de famille à seize ans, mais je ne m'en rendais pas compte. Pour moi, c'était naturel. Une fille de mon âge était destinée à devenir une épouse et à procréer. Certaines de mes cousines avaient été mariées à douze ans, dès l'apparition des premières règles. L'une d'elles l'avait été, alors qu'elle était encore pubère, simplement parce qu'elle était grande et forte de corpulence. Nous n'avions pas d'enfance, pas d'adolescence, et je ne trouvais pas cela anormal. Quelques années plus tard, si l'on avait voulu marier ma fille au même âge, je me serais battue comme une lionne pour l'empêcher. Mais j'avais encore beaucoup de chemin à parcourir dans ma petite tête d'adolescente avant de réaliser que toute tradition n'est pas bonne à garder dans un monde qui évolue si vite.

Plus le bébé grandissait, et plus les visites de Nicole s'espaçaient. Elle m'avait montré comment faire, je devais maintenant me débrouiller toute seule. Et la nostalgie de mon enfance a repris le dessus. Quand il y avait un petit bébé, chez nous, les fillettes regardaient faire les grands-mères et les tantes. Elles nous avaient à disposition pour les aider, et nous apprenions en même temps à baigner un enfant. J'entends encore la voix de ma tante :

— Khady, donne-moi le savon, donne-moi le beurre de karité.

Je n'ai personne à qui demander, personne pour me dire : « Pour ton ventre, tu dois manger ci, ou ça, tu dois frotter ton corps avec ça... »

Alors, toute seule, je reste assise à pleurer. Parfois pendant une demi-heure, une heure. Et lorsque les amies maliennes arrivent à la maison, elles me font oublier un peu ma solitude.

J'habite un quartier très humain où les gens sont proches les uns des autres, mais on ne peut partager certaines choses qu'avec des gens qu'on connaît depuis toujours – ma sœur, ma cousine, ma mère, surtout elle, me manquent beaucoup. On ne peut pas évoquer, avec des amies récentes, sa vie d'avant, ces choses que l'on n'a pas vécues ensemble. Des petits riens qui font sourire plus tard : « Tu te souviens de ci ou de ça ? »

Ma sœur, par exemple, allait toujours au cinéma, c'était une fanatique des films hindous qui durent trois ou quatre heures, et elle était souvent accompagnée de ma tante et d'une vieille dame que ma mère avait recueillie à la maison. Parfois, elles demandaient la permission de m'emmener. Ce cinéma offrait deux possibilités : un endroit couvert, à l'abri de la pluie et du vent, et un autre à ciel ouvert, beaucoup moins cher, où nous prenions le risque de revenir trempées...

Parfois, il y avait des mariages et des bals. Je me souviens de mon premier bal, où j'étais invitée en qualité de copine d'école de la petite sœur de la mariée. Je n'avais pas de grand boubou, et ma sœur m'en avait prêté un de couleur indigo. Ma sœur est maniaque. Elle a attendu très « diplomatiquement » que je sois dans la rue avec ma copine pour me crier, de loin : « Et surtout, ne salis pas mon boubou, hein ? » afin que tout le monde sache bien qu'elle m'avait prêté son boubou !

Durant toute la fête, j'ai tout fait pour ne pas le salir, je n'ai presque pas mangé de peur de revenir avec une tache. Les garçons organisaient aussi des bals, et de temps en temps nous étions invitées. Mais les mamans du quartier pointaient leur nez à huit heures du soir pour nous récupérer juste au moment où le bal commençait ! Et si par malheur elles arrivaient au moment où les lumières étaient éteintes pour un slow, c'était le scandale, la catastrophe ! Là, les grands-mères nous criaient :

— Mon Dieu, vous avez vu ces filles ? Dans le noir, enlacées avec les garçons, serrées, collées, quelle honte ! Mon Dieu, quelle dégradation ! Elles ne sont plus vierges, c'est sûr ! C'est fini pour elles !

Je me souviens d'une grand-mère venue chercher sa petite fille jusqu'au milieu de la piste pour l'extirper de ce lieu de « luxure » !

D'autres disaient simplement :

— Suis-moi ! On rentre ! Mais, une fois à la maison, tu en prendras pour ton grade !

Ma mère répétait toujours, lorsqu'elle punissait un enfant :

— Moi, je ne cours pas derrière toi, ni dans la cour ni dans le quartier où tout le monde me verra, en pensant : « Laisse-la, laisse-la ! » Tu dors dans la maison ? Je te trouverai bien à un moment ou à un autre !

Et c'était vrai. On jouait toute la journée, on oubliait l'incident, et le soir, alors qu'on était tranquille dans la chambre... coincé !

Maman faisait un trait imaginaire avec son doigt sur le ciment du perron.

— Tu vois ce trait, là ? Si ton pied le dépasse...

Maman qui nous lisait l'avenir dans les cauris. Beaucoup de femmes se servent de ces coquillages blancs pour annoncer la venue d'un prince charmant. Elles étalent douze cauris dans la cour de la maison, à l'ombre des grands arbres, on boit le thé et toutes les jeunes filles s'approchent, impatientes de savoir.

— Toi, dans pas longtemps, quelqu'un va arriver. Un mariage s'annonce.

— Ah! un bébé ne va pas tarder... Qui a fauté parmi vous?

Tout dépend de la position des coquillages, lorsqu'elles les lancent. Un cauri m'a dit un jour : « Toi, tu vas aller loin. Tu n'es plus quelqu'un d'ici. Tu traverseras l'océan dans les airs. »

J'étais déjà mariée, et j'ignorais encore que j'allais partir. Qui savait? Le cauri, ou ma tante qui l'avait lancé...?

Les samedis après-midi, les jeunes filles rêvaient ainsi au rythme des heures, à l'ombre du manguier. J'avais rêvé aussi. Et maintenant je pleurais cette enfance perdue, cette adolescence tronquée. Je pleurais sans me l'avouer sur l'absence de prince charmant. Un mari tendre et attentionné, qui ne m'aurait pas forcée, la nuit, à supporter sa présence.

Je suis retombée enceinte alors que Mouna n'avait que quelques mois. Je devais arrêter de l'allaiter immédiatement. Les rapports sexuels étaient une source de conflit, et les disputes ont commencé par là, car j'essayais toujours d'y échapper.

J'aurais voulu qu'il me laisse en paix; mais, comme je ne suis pas diplomate et qu'il ne l'était pas non plus, la paix n'était pas possible. Les conseils de tante Marie étaient bien loin, je les avais même oubliés. À cette époque, je me couchais avec tous mes vêtements, mon petit pagne et mon pyjama. Le lit était un danger permanent pour moi. Quelquefois, mon mari ne faisait pas trop d'histoires et me laissait tranquille, mais par moments il exigeait quand même.

C'était parfois douloureux. Le plus souvent, je me résignais, vidant ma tête, immobile tel un bout de bois. Je n'ai jamais participé à rien. Je ne voulais pas et je n'ai jamais voulu. Pour moi, le devoir conjugal était un supplice qu'il fallait supporter. J'étais passive et fataliste. Je ne me posais même pas la question de savoir si toutes les femmes vivaient la même chose ou non. L'amour dont parlaient les films à la télévision n'était pas pour moi. Pas de promenades le soir au clair de lune, pas de balades en voiture, pas de cinéma ni de bals.

Cette grossesse s'est déroulée sans trop d'incidents, en tout cas mieux que la première. Ma maman française m'aidait toujours. Comme j'emmenais Mouna à la protection maternelle et infantile pour les visites en pédiatrie, les infirmières m'ont très vite mise à contribution.

— Vous parlez bien le français, est-ce que vous parlez le dialecte de Mme Untel ?

Mes rendez-vous en pédiatrie se faisaient désormais en même temps que ceux des autres femmes africaines, pour leur servir d'interprète.

On m'a donné aussi une adresse pour le centre social, où il y avait des cours d'alphabétisation, de couture, de cuisine... J'y allais régulièrement avec mon bébé. Et la dame qui dirigeait le centre m'a dit très vite :

— Mais qu'est-ce que vous faites dans mon cours ? Moi, j'ai besoin de vous en tant qu'interprète et non en tant qu'élève, vous m'aidez à faire la moitié du cours ! Vous feriez mieux d'essayer de faire autre chose qui vous aide à progresser !

Comme j'aime la couture, j'ai suivi une formation dans ce centre, tout en servant d'interprète bénévole. Petit à petit, je prenais de l'importance au sein des familles africaines. J'étais devenue l'écrivain public, on me dictait des lettres, des pages et des pages pour les familles, je leur lisais les réponses. Je commençais à connaître les histoires de famille, j'ai même écrit des lettres où un mari demandait qu'on lui donne une deuxième épouse, la fille d'Untel au pays...

Je recevais mes amies maliennes, je confectionnais le tiep, et leurs maris en raffolaient, ou bien des boulettes de mil cuites à la vapeur et écrasées dans du lait caillé, que les femmes adorent. Je rendais surtout les services que me permettait ma « culture de lettrée » : parmi les six femmes de ma connaissance, maliennes ou sénégalaises, j'étais la seule qui ait eu la chance d'aller à l'école, donc la seule à disposer du privilège de savoir lire et écrire. Même les maris étaient illettrés. Je me suis retrouvée à remplir les feuilles de remboursement de Sécurité sociale, les demandes d'allocations familiales, à déchiffrer les ordonnances, à acheter les médicaments avec elles, à montrer la petite cuillère et la dose à utiliser pour le bébé, la couleur du cachet qu'il faut donner – rose à midi ou bleu le soir –, et à les accompagner chez le médecin ou ailleurs. En aidant les autres femmes, j'apprenais moi-même beaucoup de choses. De temps en temps, le mercredi, nous allions ensemble au marché, où là aussi je servais d'interprète. Et comme j'avais la chance supplémentaire d'avoir maman Nicole près de moi, elle me faisait presque oublier ma tristesse et ma souffrance intérieures, et l'absence de mes parents. Je me rendais utile en étant le repère phare de la petite communauté des Africains immigrés, celle qui comprenait les arcanes, le labyrinthe de l'administration française !

Et c'est à ce moment-là, en remplissant les papiers pour les maris qui se rendaient à la Sécurité sociale, pour les allocations familiales, et les primes de grossesse, que j'ai commencé à comprendre le fonctionnement des hommes immigrés. Toutes les histoires dans les couples africains avaient pour cause l'attribution de ces allocations familiales. Tout était au nom de monsieur, et monsieur touchait l'argent. J'étais outrée qu'un homme ait le culot d'empocher une prime de grossesse ou les allocations des enfants! Je ne connaissais pas ce genre de problème, mon mari rapportait l'argent à la maison et nous décidions de ce que nous allions en faire. Souvent, il le déposait à la banque en attendant d'en avoir besoin. Dans d'autres familles, la femme ne savait strictement rien de l'argent que recevait son mari. Certaines femmes n'avaient même pas dix francs dans la main quand elles sortaient. Le mari gardait tout pour lui, se chargeait des courses selon son bon plaisir, sa femme ne pouvant même pas prendre de yaourts pour ses enfants s'il ne l'avait pas décidé. Pas question pour ces femmes de s'acheter même une culotte! Je me croyais à l'abri de ce genre de conflit, j'avais tort.

Je fréquentais alors un petit magasin où je connaissais déjà beaucoup de monde, et je n'avais pas ma langue dans ma poche, dès que j'étais loin de mon mari. Au début, il faisait les courses; maintenant, je me débrouillais très bien toute seule.

Petit à petit, j'avais donc fait ma place dans ce nouveau monde, et un jour, dans ce magasin où nous nous retrouvions souvent, une femme m'a proposé de la remplacer quelque temps dans son travail. Il s'agissait d'un petit boulot de classement d'archives dans les bureaux d'une gare, mais je serais officiellement payée, avec une vraie fiche de paie! Le début de l'indépendance...

J'ai donc travaillé. Je classais consciencieusement les dossiers année par année. Ce n'était ni passionnant ni intellectuel, mais c'était mon premier véritable emploi. Et lorsque j'ai eu en main ma première fiche de paie, une idée m'est immédiatement venue à l'esprit. En partant pour l'Europe, j'avais des buts bien précis en tête. Puisque le départ était inévitable, je m'étais promis, si j'en avais les moyens, de faire une chose importante pour ma mère et mes sœurs.

Au Sénégal, j'allais chercher de l'eau pratiquement à un kilomètre de la maison, au robinet collectif, et mes sœurs aussi. Il y avait beaucoup de puits avant que ces robinets apparaissent dans chaque quartier. L'eau de ces puits servait pour tout, pour se doucher, pour la lessive. Il n'y avait jamais de pénurie. Mais puiser de l'eau, c'est difficile. Je l'ai fait quand j'étais adolescente. Les cordes râpent la main, le seau est lourd à remonter. Et les rencontres au puits commun dans le quartier faisaient l'objet de bagarres, d'histoires entre femmes. On se disputait, on se tapait même dessus, entre jeunes filles surtout. Des disputes idiotes du genre : « Mon seau était avant ton seau, pourquoi tu l'as remis derrière ? » C'était le prétexte, l'étincelle qui permettait de régler une vieille rancune.

Grand-père et mon oncle ont fait creuser un puits, plus tard, dans la cour de la maison, et la corvée d'eau était moins pénible. Restait le robinet collectif, à un kilomètre, où il fallait se rendre de toute façon pour rapporter l'eau purifiée qui servait à la cuisine. Je voulais débarrasser mes sœurs de cette corvée. Offrir un robinet à ma mère ! Un robinet dans la maison, raccordé au réseau du quartier ! Un luxe.

Avec mon premier salaire, c'est ce que j'ai fait. J'ai envoyé aussitôt l'argent par la poste, et téléphoné chez les voisins de ma mère. Une famille adorable, des métisses – le papa est béninois, la maman française, et les enfants tout blancs... Ils m'avaient confié leur numéro avant mon départ, en disant à ma mère : « Elle pourra vous appeler ici quand elle veut. »

Je ne le faisais pas souvent, car le téléphone était cher, mais, en expédiant le mandat depuis la poste, je n'ai pas résisté à l'envie d'appeler maman. Après les bonjours, les longues salutations habituelles, les nouvelles de sa petite-fille, les miennes (voilà pourquoi les communications sont si chères), je lui ai annoncé la nouvelle.

— Maman, j'envoie un peu d'argent, renseigne-toi pour mettre le robinet à la maison.

— Que le bon Dieu t'en donne plus...

La prière d'une maman est toujours la même, lorsqu'elle reçoit de l'aide de sa fille. Pour l'instant, Dieu me donnait seulement de quoi offrir un robinet, mais c'était un début que j'avais bien l'intention d'améliorer.

Lorsque le robinet a été installé à la maison, j'ai reçu une lettre de toute la famille, chacun disant bonjour, et les bonjours chez nous prennent la moitié de la lettre. Enfin, des nouvelles intéressantes : « Le robinet est arrivé, nous avons de l'eau. »

J'avais réparti mon mois de salaire entre le robinet, mes tantes et mon grand-père. Tant pour l'un, tant pour les autres, et tant pour le robinet.

Une semaine plus tard, le courrier de grand-père disait : « Bonjour, ici la famille va bien, j'espère que tu vas bien. Dieu merci, j'ai bien reçu l'argent. Merci beaucoup. Que Dieu te donne longue vie et bonne santé et te donne plus que ce que tu as aujourd'hui. »

Traduction de cette bénédiction : si Dieu ne t'en donne pas plus, tu ne pourras pas nous aider davantage.

Mes petites sœurs m'ont raconté que, lorsque le robinet a été installé, ma mère, avec sa générosité habituelle, a invité les voisins pour l'admirer, et que chacun y remplissait sa bassine.

Mon père a protesté :

— Est-ce que tu te rends compte de ce que tu fais ? À la fin du mois, qui va payer la facture ?

— Dieu est grand !

Je continue à apprendre la couture, Nicole m'aide toujours. Et j'accouche d'une deuxième fille magnifique, Kiné, qui pèse près de quatre kilos à la naissance. Cette fois, j'étais encore plus déchirée, et j'ai énormément souffert.

Nous vivons toujours dans une pièce, avec maintenant deux berceaux, un grand lit, une armoire. Mouna n'a que dix mois quand sa sœur arrive. C'est à cette époque qu'une cousine de ma famille est venue du village, une épouse de la caste des forgerons. Elle vivait en banlieue parisienne et venait de temps en temps me voir. Elle est beaucoup plus âgée que moi, mais nous nous entendons très bien.

En 1978, je n'ai pas encore dix-neuf ans, me voilà enceinte pour la troisième fois. Ma première fille est née en 1976, la deuxième en 1977, et la troisième va naître en 1978.

Au centre de la protection maternelle et infantile, une femme médecin, française, pédiatre, que je connais bien maintenant, s'exclame :

— C'est pas possible, vous arrivez en France et vous faites des enfants tous les ans ! Mais comment allez-vous vous en sortir ?

Et encore, elle ne savait pas dans quelles conditions je vivais. Deux berceaux, et bientôt trois, dans une seule pièce, le lit conjugal au milieu avec un rideau pour nous séparer ! Dans la maison de grand-père, ou chez mes parents, le confort des femmes et des enfants était bien mieux organisé.

Résultat, je tombe malade pendant cette troisième grossesse et je me retrouve à l'hôpital. Je suis souvent malade à cette époque, je souffre de migraines, mais les médecins ne découvrent rien de particulier. Je suis probablement dépressive et épuisée, sans m'en rendre compte.

Normalement, si je suis hospitalisée, l'assistante sociale m'envoie une aide à domicile. Mais, cette fois, la cousine forgeronne, récemment arrivée de son village natal, me propose de prendre les deux petites chez elle. Mouna a deux ans et Kiné dix-huit mois.

— Ne t'inquiète pas, je vais m'occuper des enfants.

Elle les garde pendant une quinzaine de jours, et vient me voir à l'hôpital à deux reprises avec mon mari et les filles. Je ne me doute de rien, les petites sont normales, souriantes. Le jour de ma sortie, elle vient me chercher avec les enfants et son mari pour me ramener chez moi. Nous prenons un repas et, en fin d'après-midi, elle m'annonce :

— J'ai purifié les enfants parce qu'elles sont jeunes. Si on attend qu'elles aillent en Afrique, elles seront trop grandes, il valait mieux le faire maintenant.

La seule phrase que j'ai trouvé à dire à cette femme :

— Tu as fait ça ?

Je ne me suis pas fâchée. Je ne l'ai pas engueulée. J'ai pris la responsabilité de son acte parce que cette personne, en qualité de forgeronne et appartenant à ma famille, avait fait ce qu'elle estimait être son devoir. Pour elle, ce n'était pas un problème. L'excision de mes deux filles, faite par ses soins, entrait dans le cadre de nos relations familiales. Si j'avais décidé de moi-même que l'excision se ferait en

France, c'était à elle que j'aurais dû faire appel de toute façon, et à ce moment-là je n'y pensais absolument pas. J'avais oublié ma propre excision. Je ne me suis pas rendu compte, à cette époque, qu'en acceptant de suivre la tradition je me montrais aussi « barbare » que le disaient chez nous les Wolofs.

La nuit, j'y ai repensé, sans plus, et le lendemain matin, en faisant la toilette des enfants, j'ai regardé. C'était déjà cicatrisé. À cette époque-là, en tant qu'Africaine ayant subi la même « purification », je me suis dit simplement que de toute façon il fallait y passer. Si cette femme ne l'avait pas fait, j'aurais dû le faire plus tard en Afrique, et plus tard, elle avait raison, la douleur comme le traumatisme auraient été bien plus importants.

Cela n'a rien ravivé en moi. Et lorsque ma troisième fille, Abi, est née, en décembre 1978, j'ai accepté en connaissance de cause qu'elle la coupe à son tour, alors que le bébé avait à peine un mois. Et comme toutes les mères, je n'ai pas pu regarder, je suis sortie sur le palier. J'ai entendu les pleurs, cette fois, mais apparemment la douleur n'avait aucune mesure avec celle que j'avais endurée à sept ans. Ensuite, j'ai voulu participer aux soins, mais j'avais peur de la toucher, de lui faire mal, et cette femme l'a pratiquement soignée pendant une semaine.

Je n'ai commencé à me poser des questions, malheureusement, que quelques mois plus tard, en 1979, lorsque la presse s'est fait l'écho de la mort d'une petite Malienne excisée en France.

Cette cousine forgeronne m'a annoncé alors :

— Ma fille, maintenant, je pense que je ne couperai plus jamais de filles, c'est fini !

Elle n'a pas dit qu'elle jugeait cela bien ou mal, simplement : « Je ne le ferai plus. » Elle a quitté la France définitivement quelque temps plus tard.

Si seulement j'avais entendu parler de l'excision en France un peu plus tôt, jamais mes filles n'auraient eu à subir cette tradition. Mais, malgré les campagnes d'information, la « tradition » avait toujours ses racines. Au cours d'un voyage en Afrique, j'ai entendu ma mère dire, à propos des fillettes qui se trouvaient là en vacances :

— Il faudrait qu'on coupe les petites !

Mon frère faisait alors des études de médecine, c'était en 1989, et il a déclaré sévèrement :

— En tout cas, ne touchez pas à ma fille ! Vous n'y touchez pas ! La première qui y touche, je l'envoie en prison.

Personne n'a vraiment réagi, nous avons même plaisanté de cette menace de prison qui nous semblait démesurée.

Mais, bizarrement, les mamans n'ont plus discuté d'Awa.

Lors d'un autre voyage, en 1999, je suis allée jusqu'au village de ma famille, et j'ai croisé sur la route cette femme forgeronne qui avait excisé mes filles. Cette fois, elle m'a parlé franchement :

— Je t'ai vue à la télé, quand j'étais à Dakar, j'ai vu que tu combattais maintenant contre l'excision. Je ne suis plus en France, mais, si j'y étais, je te soutiendrais. Nous avons compris que ce n'est pas dans la religion, et qu'il faut arrêter. Même nous, au village, on sait que ce n'est pas bon pour la santé, et que beaucoup de nos femmes sont stériles ou perdent des enfants à la naissance. Il y a des associations maintenant qui nous informent.

La loi interdisant l'excision au Sénégal date de 1999.

Je ne l'ai jamais haïe, je n'ai jamais eu de mauvais sentiments envers elle ; s'il y a quelqu'un à blâmer, à juger dans cette affaire, c'est moi. Même si je dois en demander pardon à mes enfants, c'est fait, je ne peux plus revenir en arrière. Personne en France ne savait alors que cette chose existait, qu'elle était régulièrement pratiquée, et que toutes les petites filles africaines, entre 1975 et 1982, ont été excisées. Car ce n'est qu'en 1982, à la mort d'une petite fille, et au procès de son exciseuse, que s'est faite la véritable levée de boucliers. C'est l'époque aussi de la création du GAMS (Groupe pour l'abolition des mutilations sexuelles), cette association fondée par des pédiatres et des femmes africaines pour faire de la prévention dans les centres de protection maternelle et infantile. J'allais avoir vingt ans en 1979. Je commençais à réfléchir sérieusement en adulte, mais je ne pratiquais pas encore le militantisme. J'avais trop fort à faire, en espérant un jour être la propre « militante de moi-même ».

Je ne pouvais plus supporter cette existence, il me fallait une pause, réfléchir, prendre le temps d'être autre chose qu'un bout de bois dans un lit au service d'un mari ; je lui ai dit que je voulais partir au Sénégal, dans ma famille, pour quelque temps, et reprendre des forces.

C'était ça ou l'hôpital. Il n'a pas fait d'objection.

Désintégration,
réintégration

Février 1979. J'arrive à Dakar vers quatre heures du matin, avec mes trois enfants. La plus petite n'a que deux mois. Mon père m'attend à l'aéroport. J'ai toujours eu une sorte de complicité avec cet homme. Peut-être parce qu'il ne vivait pas avec nous en permanence. J'étais un peu garçon manqué lorsque j'étais enfant, et ma mère me punissait de temps en temps, mais, lorsque mon père était présent, il intervenait toujours en ma faveur. J'avais compris le système, j'étais sage jusqu'à ce que mon père rentre à la maison; après quoi, je pouvais faire à peu près tout ce que je voulais, j'étais sous sa protection.

« Baba » n'a jamais frappé personne, ni ses enfants ni sa femme. Je l'ai toujours adoré. À part mon grand-père, que tous ses petits-enfants respectaient, Baba est mon repère masculin. Un homme juste et bon.

Et Baba est là, avec son boubou blanc et son bonnet rouge. J'en ai les larmes aux yeux; il était absent de Dakar lorsque j'ai quitté le Sénégal, je ne l'ai donc pas vu depuis près de cinq ans.

Au lever du soleil, nous prenons le petit déjeuner ensemble, et j'ai immédiatement le sentiment de revivre. Mon pays, mon père, le soleil, la nourriture... mes enfants vont enfin apprendre à connaître leurs racines, d'où je viens, qui je suis.

Mon père nous conduit en voiture chez ma mère, à Thiès, où nous attend une fête de bienvenue. Toute la famille est là, avec grand-père Kisima, toujours mince et imposant de taille. Depuis la mort de ma grand-mère maternelle, et de sa deuxième femme qui m'a élevée, il vit avec sa troisième épouse et sa sœur. Il y a toujours des grands-mères à la maison. On a tué le mouton pour notre arrivée. Je me retrouve dans le cocon de cette maison familiale, libre et heureuse ; mon mari est loin, je respire enfin, seule avec mes enfants, mes amies, ma vraie vie.

Toutes mes copines du quartier viennent admirer les enfants, la petite dernière, surtout, qui passe de bras en bras. Je retrouve l'ambiance de ma propre enfance, où chaque femme s'occupait indifféremment d'un enfant ou d'un autre. Il est naturel, par exemple, pour une voisine, une tante, une amie du quartier, d'aller chercher un bébé après la douche du matin et de l'emmener chez elle pour la journée. Mon dernier bébé fait le bonheur de tout le monde.

En naissant, ma petite Abi avait le teint si clair que les oncles, à Paris, s'en sont inquiétés ! L'un d'eux a même demandé à mon mari s'il était sûr d'en être le père ! Lui ne doutait absolument pas : sa propre grand-mère avait le teint clair, et du côté de ma mère on retrouve aussi des origines maures.

Dans ma famille, personne ne s'en étonne ; il est d'ailleurs courant qu'un enfant au teint clair à la naissance fonce en grandissant. Mais le teint clair de ma fille va susciter un quiproquo amusant dont je tirerai un enseignement. La ville de Thiès vient d'achever la construction d'un grand stade, des milliers de personnes vont assister à son inauguration.

J'installe mon bébé sur mon dos, comme une vraie Africaine, et me faufile dans la foule des spectateurs avec mes amies et mes cousines. Soudain, une dame m'interpelle :

— Ma pauvre petite, tu es en train de maltraiter l'enfant de ton employeur !

Cette femme m'a prise pour l'employée de Blancs qui m'auraient embauchée pour garder le petit que j'ai sur le dos ! Ma cousine lui répond :

— C'est pas la nounou, c'est sa fille, c'est son enfant !

Et la dame s'est mise à rire.

— Excuse-moi, ma fille, mais tu es trop jeune. Tu la portes mal ! Il faut l'attacher mieux que ça !

Pour porter un enfant dans le dos, il faut utiliser deux bandes de tissu que l'on attache à la taille et sous les bras. Le bébé est dedans, comme dans une poche, les cuisses bien écartées. Les médecins, en France, apprécient cette façon de faire qu'ils considèrent comme excellente pour le développement des hanches de l'enfant. Souvent, le pédiatre me demandait de persuader mes compatriotes immigrées de perpétuer cette façon de faire, car certaines, en France, l'abandonnent pour le kangourou. Mais je n'avais pas encore assimilé parfaitement la technique du *bambado* !

Au retour, ma cousine a déclenché l'hilarité générale dans la famille en racontant ma mésaventure. Voilà ce qui est extraordinaire chez nous : on est peut-être pauvres, mais heureux de vivre. Un rien nous donne envie de rire et de faire la fête. Les conditions de vie en Afrique étant ce qu'elles sont, il vaut mieux les oublier et en plaisanter. Les Sénégalais pratiquent facilement l'humour noir, et plaisantent à la moindre occasion. Le revenu national par habitant est l'un des plus bas du monde. Même si Dakar fait figure de capitale moderne, la clé de la survie, chez nous, c'est la débrouille : être prêt à n'importe quel travail pour échapper au chômage, rafistoler inlassablement tout ce qui peut encore servir, fabriquer des jouets avec des canettes de bière ou des capsules de soda, récupérer le plastique et en faire des lanières pour tisser les sacs, et même des valises. Et surtout en rigoler !

Je sais que je dois forcément retourner en France ; pourtant, à ce moment-là, l'idée même est sortie de ma tête. La musique, les plaisanteries en famille, les plats traditionnels : je savoure ce que je vis avec délice. Je suis gourmande en particulier d'un plat traditionnel, la semoule de couscous agrémentée d'une sauce à base de feuilles de haricot et de poudre de cacahuètes. En langue soninké : le *déré*. Mais le meilleur moment demeure le petit déjeuner. Ma mère coupe le pain, qu'elle distribue à chacun avec un peu de beurre, s'il y en a... Je vais m'asseoir avec ma tasse de *kinkeliba*, le thé local, sur un petit banc dans la cour. À cette heure matinale, le soleil est bon, il ne fait pas trop chaud. Les petits enfants arrivent tout ensommeillés, et une grand-mère dit :

— Va te laver la figure et la bouche avant de dire bonjour...

On ne parle pas aux gens sans avoir fait cette toilette indispensable du matin.

Et je réentends ça. C'est un vrai bonheur. Dans cette cour, je suis en liberté, loin de ma banlieue parisienne, de la pièce étroite où il est impossible de se retourner. Ici, je peux courir sans craindre de buter sur quelque chose. Mes filles galopent derrière les poulets et les bicyclettes pour les attraper. Elles sont choyées, entourées, et m'oublient presque ! Elles ont appris à repérer les grands-mères ou les tantes qui ont toujours quelque chose à grignoter pour elles. Elles ont compris que les deux maisons de la concession sont reliées, celle de grand-père et celle de ma mère, et que l'on peut picorer et se faire dorloter indifféremment partout. Mes neveux et nièces sont fiers de leurs petites cousines et les promènent dans le quartier. Chez nous, il y a toujours des invités, toujours quelqu'un, amie, tante ou voisine, qui arrive avec un petit saladier de nourriture pour souhaiter la bienvenue à celui ou celle qui revient au pays. Une manière simple de lui montrer qu'il ou elle faisait partie de la communauté avant de partir au loin, et que personne ne l'a oublié. Même si l'on est considéré comme « riche » en vivant en France, on ne doit pas être riche au point de ne pas se souvenir comment on a vécu au pays. Là-bas, il y a la Sécurité sociale, les allocations familiales, du travail, donc de la nourriture et des soins. Ici, il y a la famille, la solidarité et l'affection de tous.

Je suis allée en visite au village de mes parents, près de Bakel, avec les enfants. Il faisait chaud, mais nous devions nous y rendre pour saluer les grands frères de mon père, et présenter nos condoléances après le décès de l'un d'eux. C'est un long voyage à travers les villages peuls et soninké, dans la vallée du fleuve Sénégal, jusqu'aux limites des frontières du Mali et de la Mauritanie. La ligne de chemin de fer qui relie Dakar à Bamako s'arrête à Kidira, dernière étape avant le Mali. À partir de là, il faut continuer la route (inconfortable) en voiture jusqu'à Bakel et emprunter ensuite une pirogue pour gagner le village d'origine de toute ma famille, côtés maternel et paternel. Le griot nous y a reçues selon la tradition, et nous sommes restées une semaine là-bas. J'y ai vu les deux sœurs avec lesquelles j'avais été élevée par grand-mère Fouley. Nous étions devenues adultes, c'était émouvant de nous découvrir en femmes, et en mères de famille.

Les villageois sont encore beaucoup plus accueillants et chaleureux que les citadins. Au village, on partage tout. Lorsque nous sommes reparties, j'étais chargée, et ma mère aussi, de mil, de riz, de patates douces, de maïs, de couscous et de cacahuètes. Avec mission de distribuer ces présents à Thiès, dans tout le quartier ! Chacun devant avoir sa part.

C'est la solidarité africaine.

Jusque-là, je ne pensais plus au départ, au retour en France, et je me suis retrouvée à l'aéroport, le cœur serré, et en larmes.

J'ai repris l'avion avec mes enfants, j'ai réintégré ce logement, qui m'a paru encore plus exigu comparé à ce que je venais de quitter. Plus de cour au soleil levant, plus de petit banc sous le manguier, je devais non seulement réintégrer la vie européenne, mais encore ma vie de couple : la cohabitation avec le père de mes enfants, le lit conjugal, toujours un danger.

Je commence à dire que je ne veux plus avoir d'enfant. Donc plus de rapports sexuels. Un refus difficilement acceptable pour un mari, je ne vais pas tarder à m'en rendre compte. À cette époque, nous disposions de petites économies ; comme le prix du loyer était modique, nous pouvions envoyer tous les mois un peu d'argent en Afrique, faire installer le téléphone, et surtout réaliser le rêve de mon père en lui offrant son voyage à La Mecque. Mon mari était d'accord pour qu'il nous rejoigne quelque temps à Paris et, de là, prenne l'avion pour la ville sainte. Une organisation et des démarches qui réclament du temps. En face de chez nous, il y avait un autre petit appartement d'une pièce avec une douche. Nous l'avions repéré depuis la naissance du troisième enfant, mon mari avait déjà demandé à son patron, propriétaire des lieux, de nous l'attribuer, sans obtenir de réponse favorable.

— Va le voir ! Toi, il t'écoutera peut-être !

Effectivement, il m'a écoutée. Lorsque je suis entrée dans son bureau, il a écarquillé les yeux.

— C'est pas possible ! Vous êtes la femme de Moussa ? Mais vous avez quel âge ? Et vous avez déjà trois enfants ? Vous êtes si jeune ! Il est beaucoup plus âgé que vous !

J'ai souri, sans répondre. Mais il était d'accord pour nous louer la chambre en plus, le loyer revenant en 1979, pour les deux « appartements », à trois cent cinquante francs mensuels. Ainsi, je pourrais loger mon père dans la chambre avec douche, le temps de son séjour chez nous, avec les deux aînées, pour ne garder avec nous que la dernière-née. Plus tard, j'envisageais de m'y installer moi-même avec mes enfants pour la nuit, loin du danger conjugal...

Mais, au milieu de l'année, l'un de mes petits frères, le dernier fils de mon père, nous quitte à l'âge de quinze ans à peine. Il souffrait malheureusement d'une maladie incurable depuis sa naissance. Cette triste nouvelle nous arrive par un télégramme de mon père : « Petit frère décédé mais empêche mon arrivée. » La formule avait été mal rédigée à Dakar, mon père avait voulu dire en réalité : « mais n'empêche pas mon arrivée ». J'ai pris la phrase au pied de la lettre, en croyant qu'il ne viendrait plus.

J'ai donc annulé sa place pour La Mecque. Et au mois d'octobre, un jour, le téléphone sonne à Paris, un cousin me dit :

— Je te passe quelqu'un.

J'entends la voix de mon père.

— Qu'est-ce qu'il y a ? Je t'appelle depuis ce matin, tu n'es pas venue me chercher à l'aéroport.

— Quoi ? Mais tu m'avais dit que tu ne viendrais plus.

— Ils se sont trompés. Je n'ai pas dit ça. Je n'allais pas gaspiller l'argent du billet ! Ton petit frère est décédé, je ne peux pas le faire revivre, même en restant là-bas !

Mon père a donc habité une année avec nous, jusqu'au voyage suivant pour La Mecque. Les billets étaient trop chers pour le faire repartir et revenir. Comme il était maintenant à la retraite, il n'avait pas grand-chose à faire au Sénégal, et c'était sa première visite en France. Profitant de sa présence pour surveiller les enfants, j'ai entamé une formation de comptabilité. Mon mari ne voulait pas que je retourne à l'école, il ne voulait pas que je travaille, alors que, chez moi, tout le monde m'encourageait à reprendre des études pour avoir un métier. Ma mère penchait pour une formation médicale, elle disait qu'une infirmière trouve toujours un emploi au Sénégal. J'ai opté pour ce qui était le plus facilement réalisable dans l'immédiat, car j'avais en tête de repartir un jour chez moi définitivement. J'ai suivi une formation d'aide-comptable. C'était payant, mais j'avais fait une demande de financement par les Assédic pour l'avoir. C'est à cause de ce stage de formation que les disputes ont commencé, car je partais toute la journée. Mon père gardait les enfants ; c'était facile, les deux plus grandes allaient déjà à la maternelle, il n'avait qu'à les récupérer à la sortie, et à surveiller le bébé, ce dont il était parfaitement capable et qu'il faisait avec plaisir.

Mon mari, lui, demeurait à cheval sur son principe de base : « Une femme ne doit pas travailler, elle reste à la maison ! »

Dans son esprit, au moment du mariage, il n'avait jamais été question que je travaille, ou même de m'accorder la moindre indépendance. C'est en cela, notamment, que les Africains immigrés diffèrent de leurs frères au pays. Chez nous, les femmes circulent librement, elles travaillent selon leurs possibilités pour améliorer l'existence de leur famille. Une Sénégalaise, quelle que soit son ethnie ou sa caste, respecte son époux et sa famille, mais elle est libre de ses mouvements. Elle ne porte pas le voile comme les femmes arabes, elle se couvre la tête, elle s'habille décemment – ce qui ne l'empêche pas d'être une bonne musulmane –, elle s'arrange de la polygamie du mieux qu'elle peut. Les maris laissent à leur femme la possibilité d'avoir leur propre commerce. Mon mari voulait, en France, me confiner dans une chambre, avec pour seul statut social celui d'une mère pondeuse, afin – Dieu me pardonne, je m'en suis rendu compte trop tard – de récupérer un maximum d'allocations familiales pour son profit personnel, comme pas mal d'hommes. Je refusais d'entrer dans ce cadre restreint. J'adore mes enfants, ils sont la chair de ma chair, mais, à presque vingt ans, j'avais donné ce que je pouvais. La rage de réussir m'a poussée à accumuler les tâches. Je suivais les cours de comptabilité, je faisais du ménage pour avoir de l'argent, en gardant une grand-mère âgée. Une amie mauricienne, partie en vacances, m'avait demandé de la remplacer auprès d'elle. Je l'accompagnais au théâtre, au cinéma. Elle m'a fait découvrir les grands magasins de Paris, les Galeries Lafayette, la Samaritaine, le Bon Marché, que je n'avais jamais vus de ma vie... À cette époque, j'étais déjà montée une fois dans l'autobus, toute seule, pour faire le tour de Paris. Quand je ne me sentais pas bien, que la solitude était trop pesante, je prenais le PC, qui me faisait faire le tour de la ville pour le prix d'un ticket. Parfois, c'était le 75 jusqu'au Pont-Neuf. Je faisais mes petits voyages avant que mon mari rentre du travail. Pour connaître la ville, pour oublier ma tristesse en regardant les immeubles, les beaux bâtiments, les monuments prestigieux. Je ne voulais pas demeurer une femme africaine immigrée inculte. Je désirais connaître ce Paris par cœur. Cette ville qui m'offrait tant d'occasions de travailler et de réussir ma vie. Travailler, réussir, gagner ma vie et celle de mes enfants, avoir un métier et sauter dans un avion pour recommencer au pays.

Peu de temps avant la fin de ma formation de comptabilité, au début de 1980, je retombe enceinte. Mon mari se retrouve à ce moment-là au chômage, son usine a fermé. Mais le bon Dieu ne m'abandonne toujours pas ! Je rencontre un Français, qui me propose de travailler dans sa société d'entretien de bureaux. Il s'agit de gérer un immeuble à Richelieu-Drouot, de surveiller le travail de ménage et d'en faire un peu moi-même. J'accepte, et lui présente mon mari, qui décroche grâce à lui un emploi de gardien d'immeuble. Et j'obtiens un diplôme de mécanographe aide-comptable après la naissance de mon quatrième enfant, mon fils Mory.

Le temps de le mettre au monde, et de récupérer, j'ai suspendu mes cours pour les reprendre ensuite. Entre-temps, j'ai fait venir ma petite sœur pour m'aider ; les enfants devaient bientôt aller à l'école. Ma petite sœur est arrivée fin 1981 ; j'ai repris ma formation, obtenu mon diplôme, et je me suis inscrite dans des sociétés d'intérim avec l'espoir de dénicher un emploi à plein temps.

Mon fils avait alors huit ou neuf mois, et les disputes conjugales étaient incessantes, à propos de mon ambition de travailler, à propos des relations sexuelles dont je ne voulais plus. À propos de l'argent que je gagnais, et que j'avais le « culot » de vouloir gérer seule. Tout était matière à conflit. Ce mariage était devenu un piège. Il fallait que je m'en sorte, mais comment ? Et sans provoquer de dégâts dans la famille. Mon père est parti à La Mecque en 1981, il était malade au retour et j'ai dû le faire hospitaliser quelque temps avant qu'il puisse repartir au Sénégal. Pendant ce temps, la communauté des hommes, autour de mon mari, le chauffait à blanc à mon sujet, et il n'écoutait que les conseils des autres :

— Tu ne devrais pas laisser ta femme faire ci ou ça...

— Les femmes travaillent ici, elles devraient remettre leur salaire au mari, mais elles veulent tout garder, et envoyer tout à leurs parents. Ce n'est pas normal. C'est toi qui l'as amenée ici, elle doit tout te donner.

Il continuait à acheter la nourriture, mais ne voulait plus me donner un sou, et j'attendais impatiemment de recevoir le coup de téléphone qui me dirait : « Présentez-vous à telle adresse, il y a du travail pour vous... »

Le coup de fil est enfin arrivé.

Rue du Faubourg-Saint-Honoré, un quartier chic de Paris. Je m'habille à l'occidentale – jupe, chemisier et pull –, ma petite sœur garde mes enfants. Mon père est encore là. Je me lance à l'assaut du premier véritable travail de mon existence. On m'explique le travail, je m'intègre avec une certaine facilité dès la première semaine, et, miracle, l'intérim se transforme en emploi pour une durée de six mois. Je me sens différente, importante, je travaille dans un bureau, pour une grande compagnie d'assurances, dans un quartier chic ! J'ai la possibilité d'avoir un après-midi de liberté par semaine pour les enfants. J'ai les mêmes avantages que tout le monde, pourvu que j'abatte mes cent soixante-neuf heures mensuelles.

J'oublie tout : les disputes, le lit conjugal. Je déjeune avec mes collègues dans un bistrot du coin. Je suis quelqu'un, je vais réussir un jour ! Je gagne presque le double du salaire de mon mari.

Désormais, je peux contribuer aux frais de la maison, espérant secrètement qu'il me laisse tranquille en échange.

La révolte mûrit dans ma tête. Jusque-là, j'ai subi toutes les traditions : l'excision, le mariage obligatoire, la sexualité obligatoire, je refuse de devenir un tiroir-caisse obligatoire. Je participe au ménage, mais je garde mon autonomie.

Un jour, je lui tends une liasse de billets, deux mille cinq cents francs.

— C'est ma contribution pour les courses.

Il regarde les billets d'un air méprisant et les rejette.

— C'est tout ce que tu me donnes ?

Il me lance cela devant une copine qui me tressait les cheveux, quelle honte pour moi !

Je lui réplique :

— D'accord, à partir d'aujourd'hui, ne compte plus jamais sur moi. C'est fini.

Finies aussi les grossesses tous les ans. Désormais, je prends la pilule avec l'aide du planning familial. Désormais, je réponds s'il m'attaque.

Mon cas est grave ; selon lui, je ne vais pas tarder à passer en jugement devant la communauté des oncles et des cousins.

Ma petite sœur a quatorze ans. Elle m'aide énormément, et n'hésite pas à prendre mon parti. Lorsque mon mari devient insultant à mon égard, elle le rembarre sans ménagement. Tant que mon père était présent à la maison, il n'osait pas se défouler, ou m'interdire quoi que ce soit. Mais mon père voyait bien que le ménage n'allait pas. J'avais même eu la chance de faire mon premier voyage à Londres, un week-end, avec des cousins et des cousines, pour en rapporter de beaux tissus, et les revendre. J'essayais tout ce qui pouvait m'ouvrir au monde, me faire gagner de l'argent, aller de l'avant. Comme disait ma mère : « Tu marches trop, ma fille ! »

Je marchais, en effet, pour le bon motif, et dès que j'étais hors du foyer conjugal, je marchais bien. J'avais évolué, pas mon mari, ni les hommes qui l'entouraient et se disaient ses amis.

Depuis que mon père est reparti, je suis seule face à lui et à sa rancœur. Il ignore que je prends la pilule, nous avons déjà suffisamment de motifs de dispute pour que je n'en rajoute pas un autre, aussi sensible. De toute façon, quel que soit le motif, et aussi bête qu'il soit, j'ai toujours tort. Il se plaint de mon comportement auprès d'un oncle, lequel me déclare sentencieusement :

— Une femme n'a jamais raison devant son mari.

Ce que je n'entends pas, en revanche, c'est le conseil qu'il lui donne :

— Si c'est comme ça, tu n'as qu'à renvoyer la petite sœur en Afrique. Elle se révolte parce que la petite est là ; sans aide, tu verras que ta femme redeviendra normale.

Autrement dit, on enlève le soutien de la petite sœur à la maison, soutien qui me permet de travailler, de gagner ma vie, donc de me révolter, pour me remettre à ma place, afin que l'époux reprenne le pouvoir. Alors, mon mari se montre odieux avec ma sœur, et les choses s'enveniment. Il raconte, au pays, qu'elle est en train de briser son ménage !

119

Tout le monde en entend parler, par lettre ou au téléphone, jusqu'au moment où, lassée de ces histoires sans fin, ma mère se fâche et lui dit au téléphone :

— Si tu n'es pas capable de garder ma petite fille, ta propre cousine, tu me la renvoies !

J'avais fait les premières démarches pour qu'elle ait une carte de séjour, qu'elle continue l'école en France et apprenne un métier. Brutalement, il m'annonce un jour :

— Voilà le billet de ta sœur, elle s'en va.

J'ai essayé d'influencer mes parents, mais ils ont dit non. Je pense que je ne lui pardonnerai jamais cette méchanceté envers ma sœur et moi.

À partir de là, je lui en ai voulu, non seulement à lui mais à tout son entourage. J'ai été obligée d'arrêter de travailler. Ma fenêtre ouverte sur le monde et sur l'indépendance se referme. Et je me retrouve seule à la maison, à m'occuper de mes enfants, sans personne avec qui parler le soir. Surtout le soir, je pouvais rester des heures à discuter avec ma sœur, et il n'aimait pas. Il nous arrivait de parler le wolof entre nous, qu'il ne comprenait pas, ça le rendait furieux.

Ce mariage est une erreur. Seuls mes enfants le sauvent. Malgré les disputes, jusque-là, mon mari s'est comporté en bon père ; il aime ses enfants, moi aussi, pourtant, même cet amour en commun ne peut nous rapprocher. Je n'ai pas réussi à aimer cet homme, c'est peut-être ma faute, celle de ma répulsion pour le lit conjugal. Je ne sais pas. Les femmes africaines ne se confient pas sur ce plan, c'est une question de pudeur. J'ignore donc, à l'époque, si ce refus m'est personnel, ou s'il est la conséquence de l'excision. Je m'en doute certainement, mais je préfère ne pas le savoir. À quoi bon ? Mon destin est ainsi fait.

À la rentrée de 1982, mon dernier petit garçon pourra aller à la maternelle et je recouvrerai un peu de liberté dans la journée.

C'est le seul espoir qui me reste pour chercher un nouveau travail.

C'est à cette époque que je rencontre, par hasard, une Malienne qui fait partie de la première association africaine à Paris, le CERFA, animée par des bénévoles, où elle me conseille de la rejoindre de temps en temps.

J'y vois des femmes, des mères de famille africaines qui apprennent à lire et à écrire. À ma troisième visite, cette Malienne me propose de donner, moi aussi, des cours d'alphabétisation, en qualité de bénévole. Je retrouve dans cette association une Sénégalaise, avec qui je peux parler, me confier un peu, pour ne pas déprimer complètement. J'ai quelque chose à faire en tout cas, un but dans ce petit groupe de femmes, où je sers à quelque chose.

Et le deuxième voyage en Afrique se prépare. Cette fois, « on » me renvoie au pays pour que les parents me sermonnent et que j'en revienne plus docile. Je dis « on », car toute la communauté masculine l'a conseillé, et tant mieux pour moi, car je voulais partir.

À mon retour, au bout de trois mois, sermon ou pas, je ne suis pas plus docile. Au contraire, le fossé s'est creusé, et, pour la première fois de ma vie, j'éprouve de la haine pour cet homme qui cherche à me dominer. Avant tout, je n'ai pas pardonné le fait qu'il ait chassé ma sœur à seule fin de m'empêcher de travailler. Nous sommes en 1983, je bataille depuis huit ans pour me faire une place à la lumière. Je n'ai pas l'intention de baisser la tête.

La directrice de la maternelle a accepté mon fils, les trois autres vont à l'école, tout le monde est casé pour la journée. Les premiers temps, je vais les chercher à midi, puis la directrice me propose de les mettre à la cantine. Et j'ai la chance de dénicher un stage de couture et d'amélioration du français pour six mois. Je m'occupe de mes enfants, les cours destinés aux mères de famille s'arrêtent à l'heure de sortie des classes. Je m'en sors bien.

À la maison, je suis une vraie sauvage : je reste dans mon coin, je fais ce que j'ai envie de faire, un point, un trait. Et il me traite en ennemie. Lui qui s'était vanté auprès de la famille, au début du mariage, disant que j'étais la bonne épouse, celle qu'il avait voulue, parfaite et docile, il ne cesse d'envoyer des lettres à mes parents pour me dénigrer. Je suis une mauvaise femme, une putain, depuis le jour où il a découvert dans mon sac les fameuses pilules.

— Qu'est-ce que c'est que ça ?
— Des médicaments !
— Ah oui !... Vous, les femmes, c'est ça que vous prenez pour ne plus avoir d'enfants, et pour mieux courir les hommes ! Les femmes qui prennent ces pilules sont des putains !

J'avais quatre enfants, et l'envie de courir les hommes était bien loin de mes pensées. S'il avait fait un peu plus attention à moi, il se serait rendu compte que j'en étais incapable. Je ne pouvais même pas entamer une discussion à ce sujet, donner mes arguments, expliquer ma fatigue, les grossesses trop rapprochées, encore moins mon incapacité totale à supporter les rapports sexuels.

Ce n'était pas un homme de dialogue, il campait sur ses positions de mâle, qui n'a pas d'explications à donner à une femme, puisqu'elle a toujours tort devant son mari. D'un point de vue occidental, c'est dramatique. D'un point de vue africain, en tout cas dans la petite communauté d'immigrés qu'il fréquentait, c'était classique. De plus, il avait presque vingt ans de plus que moi, n'avait jamais connu l'école, et jamais appris à réfléchir plus loin que son chapeau. Et ce n'est pas parce qu'il était illettré qu'il était incapable de réfléchir ou d'être intelligent.

Il a fait écrire une lettre au Sénégal, disant que je prenais la pilule, affirmant d'une manière injurieuse que c'était pour courir les hommes. Et mon grand-père ne l'a pas supporté, touché dans son orgueil.

— S'il a osé t'insulter, il insulte aussi ta mère ! Moi, je lui donne ma petite-fille, et il l'emmène jusque là-bas pour la maltraiter !

Chez moi, au sein de ma famille, je me sentais la plus forte. C'était en France que la communauté ne me faisait pas confiance. En France, il avait toujours raison, tout le monde lui disait en tout cas qu'il avait raison. Raison de vouloir s'approprier les revenus de mon travail, raison (contradictoire) de m'empêcher de travailler. Raison de me faire un enfant tous les ans, toujours raison. Ce n'était pas un méchant homme, il était même plutôt gentil, au point justement de n'écouter que les autres, sans oser s'affirmer, sans réfléchir par lui-même.

L'année 1984, j'obtiens mon diplôme de fin de stage. Dans mon esprit, ce n'est qu'un début, je vise l'obtention d'un diplôme de modéliste. Je voudrais apprendre toute la technique, de la coupe à la réalisation. On m'a parlé d'une école, mais il n'y a plus de place. L'année s'écoule dans cette ambiance morose de disputes à la maison, et les enfants grandissent. L'aînée est à la grande école, la deuxième suit, la troisième en CM1. Je fais tout pour que mes enfants travaillent bien et fassent du sport. Chaque fois que l'école organise une sortie, ils en profitent comme les autres, et dès qu'il fait beau, les jours de congé, je les promène au parc, dans le quartier, ou au Jardin des Plantes.

Un dimanche, alors que les disputes n'avaient pas cessé de la semaine, mon mari a fait venir un oncle à la maison pour me sermonner une fois de plus.

— Vraiment, je ne te comprends pas, tu n'écoutes rien quand on te parle. D'après ce qu'il m'a raconté cette semaine, tu as vraiment tort.

Qu'avait-il raconté ? Des choses intimes et graves, ou de simples bêtises sur ma façon de vivre ? Sur la pilule ? Sur mes refus ? Sur mes promenades dans Paris ?

Je me sens réellement mal ce jour-là. Je décide de ne plus pleurer, de ne plus écouter. Fini. J'appelle les enfants.

— Mettez vos manteaux, on va au parc.

— Tu vas où ?

— Je vais me promener avec mes enfants au parc.

— Ce n'est pas à ton mari que tu manques de respect, mais à moi ! C'est moi qui me suis déplacé pour venir arranger les choses !

— Pour moi, c'est terminé, plus d'arrangement. Je suis fatiguée. S'il y a un bon Dieu, il va nous départager.

Pendant toutes ces histoires pénibles, pour les vacances, j'emmenais les enfants en Normandie, voir mon grand-oncle. C'était le seul lieu de refuge, où je me retrouvais en liberté, à la campagne, un véritable bonheur.

Mon grand-père avait un frère aîné, qui a vécu en France toute sa vie. Il y était venu en 1916, l'un de ces nombreux tirailleurs sénégalais qui ont combattu pour la France. La Normandie était ainsi

124

devenue sa terre d'adoption. Il n'avait pas revu sa famille depuis la guerre. Les Normands étaient sa nouvelle famille, il adorait cette terre, où il habitait une ferme immense, et il m'a transmis cet amour de la province française.

Je me souviendrai toujours du jour où mon grand-père m'a envoyé l'adresse de son grand frère. J'ai pris le train avec les enfants et j'ai débarqué en Normandie, dans le village le plus proche de chez lui pour demander ma route aux gendarmes.

Le chef, qui connaissait la ferme de mon grand-oncle, nous a gentiment conduits jusque-là.

C'était l'été, les champs de maïs étaient hauts. Et j'aperçois un monsieur sortir, les mains dans le dos, en salopette bleue, le crâne bien dégarni. Les quelques cheveux qui lui restaient étaient tout blancs, il avait déjà presque quatre-vingt-dix ans. Il s'est approché d'un pas ferme et, devant ce visage, j'ai cru voir mon grand-père ! Mes larmes ont coulé. Ils étaient si loin l'un de l'autre, l'un au Sénégal toute sa vie, l'autre en France toute sa vie, et pourtant le même visage, la même allure mince et digne.

Celui qui vivait en France n'a jamais oublié que son pays était pauvre, et il a toujours aidé sa famille. Il avait les photos de tous les enfants de son frère, donc de ma mère, de ses sœurs, de ses frères. Il avait fait à pied les huit cents kilomètres qui séparent son village natal de la ville de Thiès, et on l'avait « engagé » là-bas. Je l'écoutais passionnément raconter comment, en ce temps-là, les recruteurs regardaient la dentition, les muscles, la taille et la puissance des futurs tirailleurs. Ils étaient d'ailleurs magnifiques, ces hommes en uniforme, mais on les envoyait au front pour défendre la France. Il est arrivé en 1916, au pire moment de la guerre. Il me décrivait les tranchées, où tant d'hommes mouraient.

— Tu ne pouvais même pas aider ton copain qui venait de tomber parce qu'il fallait courir, toujours courir, et si tu essayais de ramasser ton copain, on te criait de repartir.

Il évoquait le froid, la pluie, la neige, les journées lugubres. Comme il n'avait pas appris à lire ni à écrire à l'époque, il ne savait pas trop où il était, il parlait de plusieurs fronts différents, sans pouvoir citer de nom précis. Il m'a raconté son village natal comme je n'en avais jamais entendu parler : les bêtes sauvages, qu'il fallait tuer pour survivre sur la route, quand il a fait ce long voyage jusqu'à Thiès. Des gazelles, des buffles, des hyènes, des serpents...

— Je n'ai pas tué le lion, il s'est sauvé ! Tu sais, ma fille, un lion attaque seulement quand il a faim.

Je pensais qu'il avait le mal du pays, et j'ai tout fait pour le convaincre de retourner quelque temps en Afrique. Mais il a répondu :

— Tu sais pourquoi je ne repars pas ? À chaque fois que je veux repartir, quelque chose m'en empêche. Chez nous, au village, quand j'étais petit, quelqu'un a jeté un sort pour que les enfants de ma mère s'éparpillent et ne reviennent jamais.

Il vivait en France depuis des années, et il croyait encore à cette histoire étrange d'éparpillement de la famille. Mes grands-mères, elles aussi, l'évoquaient souvent, comme une sorte de malédiction possible. Nous devions tous rester unis, et ne jamais nous « éparpiller ».

Le grand-oncle n'avait pas eu d'enfants. Après la guerre, il avait quitté son régiment de tirailleurs pour s'engager dans la marine. Et il était tombé amoureux d'une jeune fille normande qui n'avait que quinze ans à l'époque. Et la famille normande, évidemment, ne voulait pas de ce grand Noir, très beau, qui mesurait un mètre quatre-vingt-dix-huit. Mais la jeune fille désirait absolument l'épouser, et ils ont fini par céder. Ils se sont mariés sur le pont du bateau. Une histoire d'amour bien romantique! Malheureusement, elle n'a pas eu d'enfants et elle s'en est allée trop tôt. Plus tard, il a épousé l'infirmière qui l'avait soigné après un accident de moto. Ils n'ont pas eu d'enfants non plus. Il est mort en Normandie, alors qu'il devait avoir un peu plus de cent ans – à l'époque de son engagement militaire, on lui avait attribué une date de naissance approximative, 1898.

Je suis allée souvent le voir dans cette Normandie, pratiquement tous les deux ou trois mois. Il m'est arrivé d'y passer un mois entier de vacances d'été avec les enfants. C'était un délice de boire du vrai lait de vache, tout frais, de manger des poulets bien dodus. Et quand je revenais à Paris, à la fin des vacances, ou le dimanche soir, j'emportais un carton bourré de victuailles. Il avait tué et découpé un mouton, j'avais des légumes, des pommes de terre de son potager, des fruits, de la crème, du beurre! Il avait l'amour de la terre, comme mes grands-parents. J'aime aussi la terre. Et celle de Normandie, si grasse et si riche, me fascinait. Le contraste était violent avec notre terre du Sénégal, où les vaches sont maigres et n'ont pour tout fourrage que des cosses d'arachides desséchées, et même des débris de cartons qu'elles ruminent au bord des routes. En quittant cette terre merveilleuse et nourricière, je réfléchissais à l'injustice de ce monde. Ceux qui ont tout, les autres rien. D'un côté la prairie, de l'autre le désert. Ici la pluie, ailleurs la sécheresse.

L'image de mon grand-oncle épousant sa petite Normande de quinze ans sur le pont d'un bateau en partance, tous les deux amoureux, cette image aussi était une injustice.

Pourquoi eux et pas moi?

Polygamie

Lors de mon dernier voyage en Afrique, j'ai confié à ma famille l'éducation de mes deux grandes filles. Je les ai inscrites dans une école privée, et, à la maison, elles étaient sous l'autorité conjointe de ma mère, de ma sœur et de mon frère aîné. Ainsi, elles allaient comprendre leurs racines, vivre comme j'avais vécu moi-même, entourées d'affection et à l'abri des querelles incessantes du domicile conjugal en France. Cette première étape de leur vie en Afrique me paraissait nécessaire pour leur évolution future dans la double culture qui serait la leur. Elles sont revenues en France trois ans plus tard, ce qui m'a donné le temps de me consacrer davantage aux deux derniers.

Entre-temps, ma demi-sœur et son mari sont arrivés à Paris. Je m'entendais très bien avec eux, et, grâce à leur présence, j'étais plus heureuse, plus vivante. Ils étaient gais, nous riions beaucoup, j'ai même pu assister à la fête du 14 Juillet de l'année 1984 ; nous nous sommes promenés très tard dans la nuit, au Quartier latin, au milieu des flonflons du bal, ce que mon mari n'aurait jamais accepté si j'avais été seule avec lui. Il y avait longtemps que je ne m'étais pas laissée aller à rire et à plaisanter avec tant d'insouciance.

Bonheur, insouciance... J'oublie ma pilule. La plaquette était finie et je me suis trompée de date pour la suivante. L'année 1985 débute en même temps qu'une cinquième grossesse, qui se passe tellement mal que je suis hospitalisée. Je vis dans une chambre noire, rideaux tirés sur d'affreuses migraines et des nausées perpétuelles. Je dors la plupart du temps. D'après le médecin, il s'agit d'une forme de rejet inconscient. Rejet, certainement, mais certainement pas de l'enfant à naître. Ce que j'éprouve alors, il me semble pouvoir le nommer autrement : colère, rage de m'être laissé prendre. Cette impossibilité de faire entendre le « non ». Il n'y a aucun amour de la part d'un homme qui force sa femme. Il voit bien que je refuse, me débats, mais rien n'y fait. Sait-il seulement ce que représente pour une femme excisée une relation sexuelle imposée de la sorte ? Une femme européenne dirait : « Viol conjugal ». Une notion qui n'existe pas chez nous. Sait-il seulement ce que signifie le poids de cinq grossesses en huit ans ?

À la dernière consultation, le médecin me prévient :

— Si vous n'accouchez pas dans la semaine, je provoque l'accouchement. En attendant, faites une bonne marche à pied pendant le week-end.

C'est un samedi matin. Je sors de là avec une envie irrésistible de manger un bon riz au poisson sénégalais avec de l'oseille. Je marche de Stalingrad à ma banlieue, j'achète mes produits, je cuisine et je mange. Le silence règne à la maison. Il ne me parle plus. Il revient d'Afrique où il s'est offert une convalescence de plusieurs semaines après une petite opération. Depuis ce retour, j'ai surpris quelques bribes de conversations mystérieuses entre lui et certains cousins en visite. Je devine ce qui se trame dans mon dos, mais il n'a rien dit. Dans l'après-midi de ce samedi avant l'accouchement, j'emmène mes deux petits derniers en promenade.

— Où tu vas ?

— Marcher. Je vais voir les boutiques de bijoux rue du Temple. Le médecin a dit de marcher, je marche !

Nous sommes en juin et il fait très chaud, je m'assois à une terrasse pour souffler et boire un lait grenadine avec les enfants. Et je vois mon mari arriver. Je me doutais bien qu'il cherchait depuis quelques jours à me révéler ce qu'il avait fait au pays, sans savoir comment s'y prendre. Je me prépare à ce qu'il croit être un choc pour moi, alors que ce sera une délivrance, si je ne me trompe pas... Il s'assied et dit :

— J'ai épousé une deuxième femme en Afrique.

— C'est très bien. J'espère qu'avec cette femme, ça marchera.

— Mais je ne plaisante pas, je te dis la vérité.

Avant de partir, j'en avais eu des échos ; un de mes oncles lui avait conseillé :

— Tu vas épouser une femme. Comme ça, elle te fichera la paix.

Il pensait que j'allais prendre très mal l'arrivée d'une coépouse. La seule chose que j'aie mal prise, c'est la manière de me l'annoncer, à la terrasse d'un café, et juste avant l'accouchement. Une méthode assez lâche, qui traduit la désinvolture profonde de certains hommes africains en matière d'épouses. Si j'avais pu aimer cet homme, j'en aurais été très malheureuse. Je suis soulagée, au contraire. Mon plan secret va prendre forme. Une coépouse, cela veut dire d'abord, pour moi, moins d'obligations sexuelles. Et, immédiatement après, le divorce. La fuite, l'envol, je me barre avec les enfants !

Je me lève sans un mot, je paie les consommations et je le plante là.

Deux semaines après, j'accouche d'une petite fille, Binta. Avec encore beaucoup de déchirures dues à l'excision. Cette cicatrice intime, dont à l'époque je ne parle jamais, ne cesse de me faire souffrir ainsi à chaque accouchement.

Et je décide de travailler à la maison, comme couturière. Mon diplôme de couture en poche, j'ai acheté une machine professionnelle d'occasion, et je prends de l'ouvrage à domicile, auprès d'une société fabriquant des nœuds papillons et des cravates. Par paquets de cent ou de deux cents, je couds tranquillement chez moi, ce qui me permet de m'occuper du bébé. Son père, pendant ce temps, est sur un petit nuage. Sa deuxième épouse est encore au Sénégal, et il prépare son arrivée en France. On m'a dit qu'elle avait quinze ans, comme moi à l'époque. Et je me souviens de cette phrase qu'il avait prononcée un jour devant ma sœur : « Il vaut mieux épouser une femme illettrée qu'une femme qui a été à l'école. »

Il voulait convaincre ma petite sœur de cette devise, elle qui espérait tant aller à l'école en France. Ma coépouse est illettrée et elle a donc quinze ans. Autre devise complémentaire : « Il vaut mieux épouser une petite, qui ne posera pas de problèmes d'obéissance. »

Un jour, vers la fin de l'année, une copine du CERFA, Mme Drakité, me téléphone.

— Interservice Migrants cherche des interprètes.

131

Les seuls moments où j'oublie les disputes et la tristesse de mon existence, je les trouve dans ces associations. Je couds à la maison, j'emmène mon bébé pour donner bénévolement des cours, en réglant mes horaires sur les heures de tétée. J'assurais aussi des services d'interprétariat, allaiter un enfant n'empêche pas de parler dans les hôpitaux, les PMI, même au tribunal !

À la fin de l'année scolaire, je récupère mes deux filles aînées, et me retrouve donc avec cinq enfants, que j'installe dans deux pièces. Celle où je vis et celle que nous avions louée pour le séjour de mon père. C'est étroit, mais je m'en sors.

Ce dont je ne me sors toujours pas, c'est de ce problème d'argent. Il veut mon bulletin de salaire et le chèque correspondant. Je suppose qu'il a besoin de faire des économies pour l'arrivée de sa deuxième femme. Or je dépense autant que lui pour la maison ! C'est non.

— Les autres femmes donnent leur salaire à leur mari, c'est normal !

— Si elles acceptent de ne rien recevoir en retour, à part un billet de cent francs, c'est leur problème, mais ça ne marche pas avec moi !

J'ai compris que les femmes africaines autour de moi ne se révolteraient jamais comme moi. Tant pis, je lutte pour moi-même. Une lutte émaillée de courriers à mes parents, dans lesquels il se plaint de ma mauvaise volonté. De discussions avec les hommes de la communauté en France, lesquels ne cessent de l'encourager à appliquer la « loi ». Et comme je ne me défends pas, les conseils pleuvent, se voulant apaisants et conciliants, mais qui sont affreux pour moi.

— Il faut que tu écoutes ton mari, tu es dans ce mariage, tu mourras dans ce mariage, tu ne sortiras pas de ce mariage. Alors, obéis à ton mari ! Tu n'as pas raison !

De temps en temps, si j'ai l'occasion d'avoir au téléphone la famille en Afrique, j'explique ma version des faits. Et ma mère répond toujours :

— Si c'est comme ça, il n'a pas raison.

Février 1986, mon mari m'annonce la venue de sa femme. Je suis heureuse de pouvoir mettre mon plan à exécution. Je suis décidée à le quitter. Mon salaire est maigre, je gagne le minimum – cinq mille francs –, mais, avec les allocations, je peux espérer me débrouiller.

La nouvelle épouse débarque sous la neige, en plein hiver. Elle a été refoulée une première fois, pour un problème de papiers, il a fallu plusieurs semaines pour le régler, à Dakar. Enfin, la voilà, je l'accueille avec largesse, j'invite toutes mes copines, j'organise et je paie la petite fête de son arrivée. Pour bien signifier à mon mari que la situation m'indiffère complètement.

Quelques personnes de son entourage commençaient à dire que j'étais jalouse ? Alors, j'allais leur montrer comment j'étais jalouse. Grande cérémonie, donc : beaucoup d'invités, toutes mes copines des associations, toutes celles que j'assiste dans les PMI, et, dès le lendemain, elle est couchée sur son lit, alors que la maison est pleine de monde. C'est une gamine. Elle est de petite taille et pas très jolie, mais ce qui me choque surtout chez elle, c'est son comportement : elle n'est ni chaleureuse ni gentille. Elle ne parle pas.

Mes enfants, qui ne comprennent rien à tout ça, courent partout dans le petit appartement. Le quatrième jour, elle est toujours couchée, même lorsque son père vient la voir. Ce jour-là, ma deuxième fille, qui a neuf ans à cette époque, vient lui apporter jusqu'à son lit un plateau de fruits. Elle le lui tend gentiment jusqu'à le lui mettre sous le nez. L'autre demeure immobile, ne touche à rien, ni merci, ni oui, ni non. Et j'entends son père crier après elle :

— Cette enfant qui vient vers toi, ça veut dire que cette famille te souhaite la bienvenue ! Bouge ! Fais quelque chose !

Peut-être qu'elle était terrorisée, peut-être qu'elle venait de tomber dans un endroit qu'elle non plus ne souhaitait pas. Peut-être souffrait-elle, comme moi à l'époque, d'avoir à subir les assauts d'un mari plus âgé qu'elle. D'après les rumeurs, elle aurait accepté ce mariage pour de l'argent et pour venir en France. On a dû lui offrir deux ou trois mille francs français, j'imagine. C'est une fille du village, une de mes nièces, donc de la famille, et soninké comme moi. Je l'observe sur le pas de la porte de la chambre, visage fermé, maussade. Si elle était sympathique, je pourrais la plaindre – après tout, elle se retrouve piégée de la même façon que moi à quinze ans. Décidément, je n'ai pas envie de m'attendrir ; d'ailleurs, tout le monde est choqué par son attitude. Je sens immédiatement qu'elle ne sera ni une amie ni une alliée. Je suppose qu'elle est arrivée avec un a priori en tête : vivre avec une coépouse, c'est affronter une ennemie à combattre. Du reste, elle s'est immédiatement comportée en ennemie à propos de petites choses mesquines.

Pour communiquer avec elle sur le sujet des rapports sexuels, le plus important à mes yeux, j'ai utilisé comme intermédiaire, ainsi qu'il est d'usage, une femme castée.

— Dis-lui que je lui laisse son mari, au moins deux mois, elle peut le garder pour elle.

On peut comprendre. Mais je sais que les conditions de vie qui leur sont trop souvent réservées en France, aucune femme sur le continent africain ne les accepterait : une seule pièce, un seul lit, l'une y dort, l'autre va se coucher par terre dans la cuisine avec les enfants. Aucune richesse au monde ne vaut ça. Et ces petites filles qu'on excise pendant les vacances au pays, qu'on marie toujours de force pour qu'elles vivent la même chose que leurs mères ! Et ces petits garçons qui traînent au milieu, dans un univers clos où ils n'apprendront que ce comportement de mâle polygame. Ils grandissent sans ambition, sans ouverture sur le monde des idées, prêts à reproduire le même système que leur père.

J'ai entendu parler un jour de « décohabitation ». Dans certaines villes de France, un polygame qui a deux, voire trois épouses, et dix, parfois quinze enfants dans un F4, pourrait demander à la commune l'attribution d'un autre appartement. À la seule condition qu'il divorce. L'hypocrisie me paraît évidente. Le mari va présenter un certificat de divorce, certes, mais en réalité il n'aura jamais divorcé, puisque le mariage civil, chez nous, n'est qu'une formalité ! Seul le mariage religieux est important.

La France croit pouvoir régler ce problème techniquement ; or, culturellement, c'est impossible et, sur le plan pratique, encore plus, puisque ces femmes sont pieds et poings liés, elles n'ont pas d'autre solution de survie.

Je me demande si on questionne vraiment les femmes sur ce qu'elles veulent.

J'appartiens à une famille polygame. Mon père a eu seize enfants vivants. Je n'ai pas connu la polygamie telle qu'elle est pratiquée en France. Heureusement pour moi, ma mère a vécu toute seule avec nous. Cette polygamie, nous la connaissions de loin. Nous allions de temps en temps rendre visite aux autres femmes et à leurs enfants, mais nous n'avons jamais vraiment habité ensemble. Parfois, il n'y a pas d'affection entre frères et sœurs de mères différentes. Tout simplement parce que les mamans reportent inconsciemment sur leurs enfants leurs craintes, et leur méfiance. Chez nous, chaque enfant est un *faba rémé* (en soninké, « l'enfant du père »). Pour justifier le fait que seul le père compte. Et les relations familiales se construisent sur ce principe, avec leurs cohortes de jalousies et de méfiances. Les mères et, par voie de conséquence, leurs enfants respectifs ne seront jamais intimement liés, craignant toujours que « l'autre » leur fasse du tort.

La polygamie est interdite en France, l'État a choisi la tolérance, et il est trop tard pour revenir en arrière. Les deuxièmes épouses africaines, en tout cas d'Afrique noire, arrivées par le biais du regroupement familial, sont peu nombreuses. Les conditions sont draconiennes, en matière de logement et de salaire. Pourtant, beaucoup de femmes débarquent pour les vacances et restent. À l'époque de ma venue en France, la carte de séjour se dépliait comme un papier journal, n'importe qui pouvait voyager avec, du moment qu'on avait la même couleur. Les policiers ne regardaient pas la photo, seulement la validité de la carte. Pour eux, tous les Noirs se ressemblaient. Et les Noirs en ont profité. Et Dieu sait qu'on ne se ressemble pas du tout ! Mais c'était ainsi. Ce qui a permis à beaucoup de femmes d'entrer en France avec la carte de séjour de la première épouse. C'est impossible de nos jours, les cartes de séjour ont changé.

Ce que je trouve insupportable, dans la polygamie tolérée en Europe, c'est que les maris en profitent seuls. Même s'ils ne s'entendent pas avec la première femme, ce n'est pas une raison pour lui en imposer une autre. Une gamine qui a quasiment l'âge de sa fille.

C'était mon cas et, normalement, je ne pouvais rien dire, ligotée par la pression sociale et familiale. Un mot, un seul, sur ce sujet, et on me taxait de jalousie, on m'accusait de vouloir renier ma culture.

Trop facile. Je souhaite à mes enfants de ne jamais vivre cette polygamie. J'aimerais aussi que les journalistes, en Afrique ou en France, fassent des reportages sur la réalité des conditions de vie des femmes africaines polygames, et les diffusent à la télévision dans chaque pays. Au lieu d'endormir les gens avec des séries, en général américaines, qui leur font croire que tout est bien, que le luxe matériel est à la portée de tout le monde, que l'argent est facile ! Trop de gens, chez nous, pensent que c'est « ça », la vie. Des femmes africaines qui n'ont jamais été à l'école sont capables de raconter *Les Feux de l'amour* de A à Z.

Ces mêmes femmes vivent à Paris ou en banlieue, enfermées depuis des années, et ne savent même pas où se trouve la tour Eiffel !

En réfléchissant à tout cela, à l'époque de mon espoir de divorce, j'étais – et je suis toujours – une révolutionnaire, en conflit avec la communauté. J'ai réfléchi trois longues années avant d'atterrir chez un avocat. Tout en continuant ma formation dans la mode. Et en me cachant pour accomplir les démarches nécessaires. J'avais compris que personne ne m'aiderait. Chaque fois que j'avais tenté de confier mes peines, ma dépression, à quelqu'un

145

de proche, mon mari s'en était servi pour des reproches. Une dépression ? Ce mot que j'emploie ne lui disait rien.

Alors, les « bagarres familiales » sont devenues plus graves. Bien entendu, c'était moi qui les provoquais... En soninké, j'étais *guadian'gana*, une « faiseuse d'histoires ».

Un jour, il a certainement posé une question à laquelle je n'ai pas répondu – je ne lui parlais plus –, et c'est ma fille qui a pris une claque. Nous regardions un film à la télévision, et un couple s'embrassait. Scandale.

— Va te coucher ! Vous deviendrez toutes comme votre mère ! Des putes !

L'insulte est revenue souvent devant les enfants. Leur mère était une pute.

Autre jour, autre scandale : j'étais toujours en dépression et hospitalisée, cette fois. Un ami connu *via* mon père est venu me rendre visite. Je suis dans une chambre double avec une autre patiente. Mon visiteur est assis à côté de mon lit, il prend de mes nouvelles gentiment. Mon mari ouvre la porte et, en apercevant le visiteur, éclate de colère. Un homme n'a rien à faire dans ma chambre, il est sûrement mon amant, je suis encore une pute ! Il a enfin la preuve de ses soupçons ! Le pauvre a tenté de répondre, je lui ai conseillé de n'en rien faire, mais il était trop tard : mon mari avait tellement crié que le personnel a dû demander au visiteur et à mon mari de sortir. Mais lui ne voulait rien entendre et j'ai été obligée d'écouter la suite, sans pouvoir échapper à cette diatribe injustifiée. Le médecin a dû intervenir, et le pire, c'est qu'en sortant de ma chambre il est allé directement expliquer son histoire au mari d'une de mes amies maliennes. À sa manière.

— J'ai trouvé un homme sur son lit! Personne ne me croyait quand je disais que c'était une putain! Elle a un amant!

Il était mal tombé. Cet homme lui a répondu sentencieusement :

— Creuse un trou et jette cette histoire dedans. Ne la répète jamais, elle est stupide. Même si tu découvrais, un jour, un homme sur ta femme, tu devrais te taire et régler le problème sans faire de scandale. Tu n'as pas à raconter ce genre de chose! Tu sais qu'il existe des problèmes de couple partout, mais chacun doit les régler seul.

Je n'avais pas d'amant, mais une tout autre idée en tête. Presque aussi scandaleuse pour lui. Récupérer les allocations familiales. J'ai parfaitement conscience, en préparant cela, de me jeter définitivement dans la gueule du loup. Ou je gagne, ou je meurs. Les allocations familiales sont majoritairement le point de départ des histoires dans la plupart des familles africaines en France. Certaines femmes se sont retrouvées dans l'avion, direction l'Afrique, sans un sou, et sans leurs enfants, pour avoir osé.

Or ma liberté et celle de mes enfants en dépendent. Je ne veux pas divorcer en les abandonnant à cette femme. Ils aiment leur père et leur père les aime, je ne veux pas toucher à cela. Je veux les soustraire à un climat familial nocif pour eux, et mortel pour moi.

Dans l'état physique et moral qui est le mien à ce moment-là, je ne sais pas comment trouver la force de le faire, mais je me lance, comme une noyée qui cherche une bouffée d'air.

Le grand saut

Une semaine avant de me décider à prendre un avocat, j'étais tombée par hasard sur une émission de télévision consacrée aux femmes battues. Et l'évidence m'a frappée : j'avais honte de moi. J'étais moi-même une femme battue et, comme toutes ces femmes qui témoignaient, je n'en avais pas réellement pris conscience. Même en faisant établir mes certificats médicaux, après une séance de coups trop violente, je ne me classais pas dans cette catégorie. Le divorce était mon seul objectif, et j'avais enfoui la honte et l'humiliation au plus profond de moi-même. Comme elles, j'avais supporté, négocié, comme elles, je m'étais réfugiée dans le silence, au lieu de demander de l'aide. Comme elles, je m'étais retrouvée piégée, embrouillée dans des arguments qui me faisaient chaque fois reculer : « Cet homme est le père de mes enfants. Cet homme les aime, je n'ai pas le droit de l'en priver. La pression de la communauté est telle que je me sens coupable de mon envie de liberté. On me reproche de vouloir vivre comme les femmes blanches, de prendre la pilule, de vouloir pour mes enfants une autre existence. »

À présent, je me considérais effectivement comme une femme battue, exploitée, et je devais aller jusqu'au bout de cette réflexion.

L'avocat pour commencer, ensuite les allocations familiales qui m'étaient dues.

Je vais donc expliquer mon cas à l'administration. Je connais bien le circuit, à force d'aider les autres.

— Mon mari touche les allocations familiales, pas moi, il a une deuxième épouse et chaque mois il lui donne sept cents francs, la part qu'il a touchée pour son enfant. Et moi, qui ai quatre enfants de lui, non seulement il ne me donne rien, mais en plus il me bat. Il ne se conduit pas en père de famille nombreuse. Il est complètement aveuglé par lui-même, par ses amis et par sa deuxième épouse. Comment faire pour récupérer l'argent de mes enfants ?

— Vous connaissez les règles, me répond la dame. Normalement, c'est votre mari qui perçoit cet argent. Tant que vous vivrez avec lui, au domicile conjugal, je ne peux pas répartir les allocations entre vous et lui. Déménagez, ou trouvez une adresse de résidence, et là, je peux agir.

Dénicher une adresse fictive n'est pas si simple. Je n'ai pas les moyens de déménager, de payer un loyer avec mon tout petit salaire d'interprète intermittente. Je suis coincée, il ne me reste que les yeux pour pleurer.

Mais le bon Dieu est avec moi. En descendant du bus, je rencontre une voisine malienne.

— Qu'est-ce qui t'arrive ? Pourquoi tu pleures ?

Je m'étais promis de ne plus jamais me confier, de peur que mes intentions ne parviennent aux oreilles de mon mari, comme c'était trop souvent le cas, mais cette femme est cultivée, et quelque chose me pousse à lui raconter ma démarche.

— C'est simple, cette dame a raison, tu vis chez moi ! Je vais te faire un papier d'hébergement ; à partir de maintenant, tu es supposée vivre ici avec tes quatre enfants. Tu ne dis surtout rien à personne, tu laisses faire l'administration. Retourne voir cette dame, apporte-lui le certificat, et fais vite, il faut battre le fer quand il est chaud !

Je reprends le bus dans l'autre sens, direction le bureau des allocations familiales. Il y a la queue et je dois prendre un ticket ; je risque de tomber sur une autre personne, qui n'aura pas forcément la même vision de mon problème, alors j'attends de pouvoir faire signe à celle qui m'a reçue une heure avant, et que son guichet se libère. Elle examine le document, et fait le changement de domicile en un tour de main.

— À partir du mois prochain, les allocations pour vos quatre enfants arriveront sur votre compte bancaire.

Je reviens à la maison, et je ne dis rien. Plus qu'un mois à attendre.

Entre-temps, je reçois un courrier d'Afrique. La personne qui m'envoie cette lettre est illettrée et ne sait pas lire le français. Elle a fait écrire par quelqu'un d'autre et me dit très explicitement :

« Tu devrais arrêter de pleurnicher, tu es dans un pays de lois. On dirait que tu n'as jamais été à l'école ! »

Ce qui veut dire : défends-toi avec les moyens légaux du pays. Si tu laisses les autres en faire une affaire de famille, chacun prendra parti, et tu ne t'en sortiras pas.

La lettre a raison. Cette mauvaise histoire n'a que trop duré. Depuis la perte de ma petite fille, je me suis trop repliée sur moi-même et les enfants. J'ai endossé une sorte de carapace dans laquelle j'ai enfermé ma dépression, pour que nul n'y pénètre, et, ces dernières années, j'ai cultivé mon malheur sans agir avec les moyens que permet la loi. Les choses ont pourri ainsi, il n'y a plus de logique, mon mari ne cesse de se plaindre de ma mauvaise conduite supposée, ma mère ne le supporte plus, grand-père est touché dans son orgueil... Je suis fautive de ne pas avoir pris les choses en main plus tôt. Un divorce en France, d'accord, mais je dois surtout obtenir une véritable annulation de mon mariage religieux. Sans cela, je ne serai jamais véritablement libérée.

De son côté, mon oncle me conseille de partir un peu en Afrique. Lui aussi est fatigué de me voir souffrir, et il est encore plus clair :

— Vous commencez vraiment à emmerder la famille, tous les deux ! Il faut tout le temps intervenir, calmer les choses entre vous. Tu ne veux plus qu'on s'en mêle, tu ne veux plus qu'on te défende, tu as dit que tu prenais les choses en main, alors fais-le ! Pars, reprends des forces, discute avec ta mère. Je vais conseiller à ton mari de te laisser disposer des allocations familiales pendant ce temps pour organiser ton voyage.

Je suis d'accord pour partir, mais voyager avec quatre enfants, plus un séjour sur place de deux ou trois mois, coûte cher. La négociation entre mon mari et mon oncle se passe sous mes yeux. La réponse est négative :

— Je ne lui donnerai rien du tout. Qu'elle se débrouille !

Il cède quand même après une bonne heure de discussion.

— Je peux payer les billets, c'est tout ce que je peux faire. Mais je ne lui laisserai pas un sou, pas les allocations !

Je savais qu'il ne céderait jamais sur ce point. Mon oncle n'insiste pas, il est au courant de ma démarche, il voulait seulement le mettre à l'épreuve.

— Alors, je veux que tu me jures de prendre des billets aller-retour.

— Ouais, ouais...

Je ne dis rien, mais, à son air, je devine qu'il n'en fera rien.

La fin du mois arrive. Le 10 du mois suivant, il attend comme d'habitude les allocations, qui ne lui parviennent pas. Et pour cause. Je savoure ce triomphe en silence. Vient le jour où je sais qu'il a forcément réclamé son « dû ».

Le soir même, en rentrant de son travail, il fait sa prière comme d'habitude, et je l'entends me maudire dans ses prières :

— Dieu fasse que tu aies honte devant les gens.

Il sait que je l'entends, il veut que je réponde à la provocation.

— Dieu est juste.

C'est ma seule réponse.

Je n'ai pas envie de bagarre, je suis fatiguée. Mais surtout je n'ai plus peur.

Ni de lui ni des autres. Ceux qui m'accusent encore de manquer de respect à mon mari, pour avoir réclamé l'argent des allocations. Je les envoie sur les roses, à présent, je n'argumente plus puisque la logique ne les effleure pas.

— Est-ce que tu m'as donné un litre de lait ? Est-ce que tu m'as donné un kilo de sucre ? Est-ce que tu m'as acheté des chaussures ? Non. Alors de quoi tu parles ?

Le lendemain, je téléphone à ma mère, qui me dit bizarrement :

— Justement, on parlait de toi aujourd'hui, j'avais même dit à ta sœur de t'appeler.

— Qu'est-ce qui se passe ?

— Ton mari a téléphoné ici en disant que tu as volé l'argent de sa femme.

— Il a osé dire ça !

— On peut tout dire sur toi, ma fille, que tu es bagarreuse, que tu es une grande gueule, mais voler, je ne te crois pas capable de ça. Si tu t'es emparée de l'argent de cette femme, rends-le-lui. Tu peux prendre l'argent de tes enfants, mais pas le sien.

— Je te jure que je n'ai pas touché à son argent, et je n'ai jamais eu l'intention de le faire. Il est ignoble de mentir à ce point, il sait parfaitement que c'est faux, il l'a forcément reçu, comme d'habitude, sur son compte !

La dispute est inévitable ce soir-là. Je suis bien obligée de l'affronter, à présent qu'il a jeté le poison du doute dans la tête de ma mère, donc de toute la famille à Thiès. Mais ce n'est pas moi qui commence.

— C'est toi qui as été aux allocations pour les prendre.

— Oui, c'est moi qui l'ai fait.

— Et l'argent de ma femme !

— Ne la mêle pas à ça, tu sais parfaitement que je n'y ai pas touché.

J'ai pris des coups ce soir-là. Comme beaucoup d'autres soirs, quand je ne voulais pas de lui dans mon lit, alors que c'était à mon tour de l'accueillir. Il est plus fort que moi physiquement, je ne pouvais pas lutter contre le viol conjugal.

Je prends les coups avec fatalisme, tout m'est égal, je prépare tout doucement mon voyage en Afrique. Il ne peut plus revenir sur la promesse faite à mon oncle qui, en l'absence de grand-père, détient l'autorité du patriarche.

Un beau matin, alors que la date de convocation au tribunal se rapproche, je reçois un courrier du consulat du Sénégal à Paris. L'assistante sociale me convoque, mon mari ayant réclamé une conciliation, toujours à propos des allocations familiales ! Le nerf de la guerre...

Il se présente accompagné d'un cousin, lequel, en l'occurrence, est aussi le mien. Au début, je l'appréciais pour sa neutralité dans la bagarre. Il a maintenant choisi un camp, et ce n'est pas le mien.

Je suis seule face à l'assistante sociale, ils sont deux.

— Donc, vous avez pris les allocations familiales de vos enfants et des enfants de la deuxième épouse...

Elle n'a pas fini sa phrase que les larmes me montent aux yeux.

— Madame, vous avez téléphoné pour savoir ce qui s'est passé exactement ? J'ai pris l'argent de mes enfants, je ne le nie pas, mais rien d'autre ! Vous pouvez le vérifier facilement !

Les deux hommes ne me laissent pas finir et commencent à crier après moi. C'est insupportable, je me rends compte de la médiocrité de cette histoire d'argent, de la médiocrité du comportement de mes compatriotes masculins. J'ai honte pour eux, et je suis humiliée d'être accusée encore et encore de vol !

Je me lève.

— Madame, je vous en prie, ne vous en allez pas comme ça !

— Excusez-moi, ce n'est pas par manque de respect, mais je ne peux plus supporter ce genre d'accusation. Au revoir.

Et je suis partie. Restait le tribunal. L'avocat m'avait assuré que mon mari avait bien reçu la convocation, mais lui ne m'en avait pas parlé. J'ai appris plus tard que ses amis, toujours les mêmes, lui avaient conseillé de ne pas se présenter.

— C'est ta femme ! Le tribunal français ne peut pas faire un divorce !

La date de mon départ arrive et, heureusement, celle de la convocation est prévue deux semaines avant. Il était allé acheter les billets d'avion sans me communiquer la date du départ, je ne l'ai appris qu'une semaine avant. Et, bien entendu, il garde les billets sur lui. Nous ne nous parlons plus. Je m'efforce d'écarter le plus possible les enfants d'une nouvelle dispute ; ils dînent avec moi avant que leur père rentre, le soir. Je leur explique de mon mieux que cette guerre ne concerne que les parents, jamais les enfants. Les parents aiment toujours leurs enfants, même s'ils ne s'entendent plus... Je pense qu'ils comprennent, depuis le temps qu'ils me voient malade, dépressive, malheureuse ; je suppose qu'ils ont eux aussi envie et besoin de vivre autrement.

Je prépare mes affaires de voyage et, au jour dit, j'arrive au tribunal, en tremblant comme une feuille. L'avocat m'avait annoncé qu'à partir de ce jour-là je pouvais obtenir au moins la séparation de corps, avant le divorce. Il s'efforce maintenant de me rassurer :

— Ne vous inquiétez pas, s'il vient, tant mieux ; s'il ne vient pas, c'est tant pis pour lui. Il l'a bien reçu, ce papier, et le juge fera son travail avec ou sans lui.

Le juge constate effectivement l'absence de l'époux et, au vu du dossier, décide d'une ordonnance de séparation. C'est une femme, elle ne m'a pas posé beaucoup de questions. Elle a examiné les certificats médicaux, et simplement demandé si je maintenais toujours ma requête.

— Plus que jamais, madame.

— Bien. Monsieur n'aura plus le droit de mettre les pieds dans votre appartement, vous aurez la garde des enfants, il pourra les voir un week-end sur deux, et vous vous répartirez les vacances...

Je n'écoute même plus la suite, j'ai gagné. L'ordonnance ne devrait pas me parvenir immédiatement, en principe, mais, j'ignore par quel miracle, l'avocat l'obtient très vite, et me la fait porter le matin même de mon départ.

C'était important pour moi d'avoir ce papier, de l'apporter en Afrique et de le montrer à mes parents. Ce voyage ressemble à une fuite. J'ignore même si je reviendrai un jour – tant de complications m'attendent encore. Je regarde ma chambre, le lit, l'armoire, tout ce que j'ai acheté, j'ai mal au cœur de devoir leur laisser mes affaires. Il ne veut même pas que j'emporte ma télévision. Or, en Afrique, c'est un luxe qui coûte cher.

— Puisque je ne sais pas quand je reviendrai, je voudrais la prendre, au moins pour les enfants.

— Non. Je pars avant toi. J'emmène les enfants à l'aéroport, tu n'as qu'à les rejoindre en taxi.

Ma voisine sénégalaise, venue me dire au revoir, a une idée.

— Derrière chez nous, il y a une petite usine, et plein de grands cartons, tu as encore le temps.

Je cours chercher un carton, j'emballe le poste avec quelques vêtements, et je saute dans un taxi. En me voyant arriver à l'enregistrement avec mon carton, il a souri ironiquement, mais il ne pouvait plus rien dire. On pèse les bagages, l'hôtesse demande les passeports et les billets. C'est là, sur ce comptoir, que je me rends compte du dernier piège : il n'a pris que des allers simples :

— Qu'est-ce que c'est que ça ?

Et il me répond méchamment, en soninké :

— Eh oui, tu vas en Afrique, et qu'est-ce que tu vas faire là-bas ? Les hommes vont entrer et sortir

156

de chez toi ! Tu gagneras un franc, et encore un franc...

Autrement dit, là-bas, tu n'auras plus rien, ni salaire ni allocations familiales, il ne te reste plus qu'à faire la putain à un franc. Ce jour-là, j'étais beaucoup trop heureuse pour répondre à une dispute, surtout à l'aéroport. Il ne pense pas aux enfants à ce moment-là, il enrage et ne cherche qu'à me punir, sans réfléchir au mal qu'il fait aux petits en insultant leur mère.

Je débarque à Dakar fin juin, chez mon père. Le premier jour, je ne dis rien ; le lendemain, mon père m'interpelle :

— Tu es arrivée hier, et tu n'as rien dit. Quels sont tes pieds ?

La formule, traditionnellement utilisée en langue wolof, signifie : « Quel message ont apporté tes pieds ? »

Je lui explique en gros la situation entre mon mari et moi, et surtout que je n'ai pas de billet de retour.

— La France n'appartient à personne, ma fille, si le bon Dieu dit que tu retourneras en France, tu y retourneras. Tout ce qu'il dit, je l'ai entendu, mais ce n'est pas grave.

Je n'ai vu dans les yeux de mon père ni haine, ni colère, ni reproches. Au contraire, il m'a bien accueillie. J'ai même pu en parler avec sa troisième épouse tout aussi calmement.

— On a tout entendu, on sait tout ce qui se passe là-bas. Même des gens que tu ne connais pas racontent beaucoup de choses en revenant ici. Ne pense pas que tout le monde soit contre toi. Tout le monde n'est pas aveugle. On sait la vérité. Ce qu'il t'a dit à l'aéroport, que les hommes entrent et sortent de chez toi, pour un franc, on l'a entendu, ma fille.

157

Il cherchait réellement à ce que je sois considérée comme une putain dans ma famille. Me déshonorer, c'était la dernière arme qui lui restait. Personne n'y croyait, chez moi.

L'excès en tout est défaut, il en faisait trop, et même ceux qui le soutenaient jusque-là savaient qu'il m'accusait à tort. Je suis allée saluer sa tante, puis sa mère, elles ne m'ont fait aucun reproche. Rassurée, je suis partie pour Thiès retrouver ma mère, me reposer enfin.

Et un jour, alors que j'étais assise sous le manguier, nous venions de terminer le repas, une amie de ma mère, qui passait quelque temps à la maison, se lève pour accueillir un visiteur inconnu.

— C'est moi qui l'ai invité.

C'est un homme grand, le teint clair, un Peul, vêtu d'un grand bambou, le foulard sur la tête. Elle le reçoit dans le salon quelques minutes et elle appelle ma mère. Puis c'est à mon tour. J'entre dans le salon, sans savoir ce qui m'attend.

C'est une scène de l'Afrique profonde, traditionnelle. Devant ces deux femmes, l'homme s'assied par terre et me dit de m'asseoir en face de lui. La femme qui l'a convié me déclare simplement :

— Je devais le faire venir, c'était mon devoir. Tu es comme ma propre fille, ta mère est comme une sœur pour moi. Si sa fille a un problème, je l'ai aussi. Ce problème nous fait tous très mal au fond de nous. Et comme tu respectes et que tu aimes ta maman, on ne veut pas que tu sombres. Cet homme est un ami, il m'a beaucoup aidée, il connaît bien son travail, et je veux qu'il regarde ton avenir.

L'homme étale du sable par terre et y dessine des traits du bout d'un doigt.

Il va lire mon avenir dans le sable, je n'ai jamais vu faire ça, et j'écoute respectueusement.

— Tu as toujours mal au ventre, hein ?

— C'est vrai.

— Je te donnerai quelque chose, des plantes, pour te soulager.

Puis il s'adresse à ma mère :

— Elle est venue parce qu'elle a des problèmes. Elle a une coépouse. Son mariage est vraiment catastrophique.

Il me regarde en face.

— Pour toi, ce mariage est fini. Ton cœur n'est plus dans ce mariage depuis longtemps. Mais je peux t'aider. Si tu veux retourner dans ce mariage, je ferai des prières pour toi, que tu aies la paix dans ce mariage, si tu le veux, parce que je ne peux pas le faire si tu ne veux pas.

Il fait face à ma mère.

— Si vous le voulez, je peux l'aider à faire ça. Le voulez-vous ?

— Il n'y a qu'elle qui peut en décider. Elle seule connaît les punaises de son lit.

La réaction de ma mère me libère d'un énorme poids. Je m'attendais à ce qu'elle dise, comme beaucoup de mères l'auraient fait : « Qu'elle retourne au mariage... »

Mais non, malgré la distance, elle a compris et ressenti ma souffrance. Les punaises de mon lit ! Elle sait que sa petite fille n'a rien fait de mal.

À cet instant, je ne voyais plus rien, tout était flou autour de moi. Comme dans un nuage, j'ai réussi à répondre :

— Je veux bien que vous m'aidiez, que vous me donniez des plantes pour mon ventre, mais je ne veux plus de ce mariage.

Mon ventre m'a fait souffrir pendant des années ; aucun examen, aucune radio n'avait pu déterminer l'origine de cette douleur. Je la traînais depuis toujours. Et cet homme l'avait vue dans le sable.

En tout cas, j'étais soulagée : avec l'approbation de ma mère, je pouvais reconstruire une autre vie, avec encore un peu de patience.

Ma mère m'a dit encore :

— Quand les robinets sont fermés, que la soif ne te mène pas à boire de l'eau savonneuse. Aie le courage de tenir jusqu'à l'ouverture des robinets.

Ceci étant un conseil de patience, car son appui n'est qu'un début :

— Si on dit que tu manges dans la gamelle des chiens, laisse dire, mais qu'on ne t'y prenne jamais.

Ceci pour la mauvaise réputation que mon mari avait essayé de me faire endosser, mais assorti d'une mise en garde :

— Nous te croyons, tu dis la vérité, tu n'as pas volé, tu n'es pas une putain, fais-nous l'honneur de ne pas nous tromper.

Je suis restée en Afrique pendant les trois mois de vacances, grâce aux allocations familiales qui tombaient sur mon compte tous les mois. Je pouvais me permettre de faire vivre correctement mes enfants, sans abuser de ma famille.

Mais les vacances touchaient à leur fin, il fallait que je reparte. Les enfants devaient être présents à la rentrée scolaire. Un matin, une amie m'appelle de France :

— Je reviens de l'école, la directrice m'a interpellée en me demandant de tes nouvelles. Et elle dit que les enfants ne sont pas inscrits pour la rentrée, leur père est passé pour annoncer qu'ils n'y retourneraient pas ! Mais ne t'inquiète pas, elle m'a confié qu'elle n'avait pas tenu compte de ce qu'il avait dit, pour l'instant, et qu'elle espérait que tu allais revenir.

— Rassure-la, et qu'elle me garde les places des enfants ! C'est très important. Je fais tout ce que je peux pour rentrer, surtout pour les enfants.

Je ne savais pas d'où viendrait l'argent pour les billets de retour, j'espérais un miracle et il m'a été donné. J'étais de passage chez une demi-sœur – elle est institutrice et son mari économiste. Je pouvais parler de tout avec eux. Mon frère aîné est arrivé, une enveloppe à la main. Par respect pour mon beau-frère, plus âgé, il lui a remis cette enveloppe.

— Je suis allé à la banque faire un petit emprunt pour elle. Si elle restait ici, c'est une battante, je sais qu'elle s'en sortirait, mais pour les études des enfants ce serait catastrophique. Elle peut prendre des billets de retour avec cet argent, elle me remboursera quand elle pourra. C'est l'avenir des enfants qui compte.

J'en ai pleuré. Mon grand frère faisait ce geste, alors que son salaire de journaliste n'était pas si gros ! Il empruntait pour mes enfants !

Il était outré de toute cette histoire, de la manière dont j'étais rentrée au pays.

Je trouve des réservations de justesse : c'est l'époque où tout le monde retourne en France, et les avions sont pleins. J'écris une lettre à mes employeurs pour les avertir que je ne pourrai reprendre mon travail à Interservice Migrants que le 10 septembre au lieu du 2, car je n'ai pas d'avion avant cette date. Malheureusement, cette lettre n'est jamais arrivée, on m'a reproché de ne pas avoir prévenu de mon retard, et j'ai perdu cet emploi fixe d'interprète dans les PMI. On m'a proposé de faire quelques vacations de temps en temps, mais j'ai refusé, cette histoire de lettre jamais reçue ne me plaisait pas. Je payais peut-être ce que l'on me reprochait trop souvent : ma « grande gueule ».

Pendant les réunions de formation, je disais tout haut ce que les autres femmes pensaient tout bas. Par exemple, le jour où cette gynécologue, une femme blanche, nous avait dit :

— Je ne comprends pas le parti pris de mes collègues français à propos de l'excision. C'est du harcèlement ! Je leur dis toujours de foutre la paix au clitoris des femmes africaines.

Comme si ce n'était pas grave ! Elle invitait toutes les interprètes africaines à ne pas lutter contre cette tradition barbare. Or nous étions déjà quelques-unes à lutter contre ça. À informer, persuader les mères de renoncer. Certains médecins gynécologues s'y intéressaient, et elle aurait voulu qu'on « foute la paix au clitoris des femmes africaines » ? J'avais donc ouvert ma grande gueule. J'en avais le droit et le devoir. Sous prétexte de « protection culturelle », cette femme se mêlait de ce qu'elle ne connaissait pas. J'aurais voulu la voir, à sept ans, les jambes écartées devant une lame de rasoir !

Il n'empêche que je n'ai plus de travail en rentrant à Paris, le 9 septembre.

Je n'ai prévenu personne, mon mari ne s'attend pas à me revoir. Je dis à peine bonjour à la coépouse en passant devant elle. Probablement surprise, elle dit bêtement :

— Comment va ta famille ?

— Tout le monde va bien.

J'ouvre la porte de ma chambre, les enfants déposent leurs sacs, et je la vois par la fenêtre filer avec son bébé sur le dos pour prévenir mon mari par téléphone. Une demi-heure plus tard, il débarque. Ni remarques ni questions. Il dit bonjour sans faire d'histoires, comme s'il ne s'était rien passé. Je rentre de vacances ! Les enfants sont ravis de revoir leur père, l'ambiance pourrait être normale.

J'ai vécu trois mois dans ma famille, mais, dans ma tête, il y a le papier du juge : nous sommes séparés. Comme il ne s'est pas présenté au tribunal, il

n'est peut-être pas au courant d'une chose importante ? Mon corps m'appartient.

Il appelle ma fille et lui remet un billet de deux
cents francs :

— Va le donner à maman.

— Va lui rendre, je n'en ai pas besoin. Dis-lui
que ça va.

Cette fois, il vient lui-même dans ma chambre.

— Tu n'as pas besoin d'acheter des choses pour
les enfants ?

— Non, merci. Offre-le aux enfants, si tu veux.

Je nettoie ma chambre, je range mes affaires. Il
est étonné, il a envie de poser des questions. Comment je suis revenue ? Il ne le sait pas. Il ne le saura
pas.

Le lendemain, je téléphone à l'avocat : les papiers
sont en règle, tamponnés, estampillés, je peux venir
les chercher. Mon mari en a été informé.

L'école reprend les enfants, au collège comme en
primaire ; de ce côté-là, je suis tranquille. Pourtant,
il faut que je trouve du travail. J'ai dit à mon frère
en partant que je me donnais trois mois, d'ici à
décembre, pour m'installer quelque part avec mes
enfants ; sinon, je reviendrais au Sénégal. Passeront
ainsi les mois de septembre, octobre et novembre
– trois mois de calvaire horrible. Il veut reprendre la
vie commune puisque je suis revenue. Il a reçu les
papiers du juge, mais ses « conseillers » habituels
persistent à lui laver le cerveau en prétendant que
tout va s'arranger, qu'un divorce en France ne
compte pas. Et il y croit, le malheureux. J'ai presque
pitié de lui.

Je n'ai pas de haine, je ne l'aime pas. Même s'il se
montre violent et hargneux, je n'éprouve que
de l'indifférence pour lui depuis le début.

Deux jours après mon retour, il prétend dormir
dans ma chambre et y pénètre comme chez lui.

— Qu'est-ce que tu fais là ? Il y a eu séparation de corps, tu as reçu les papiers ! Ici, c'est chez moi. Tu ne rentres pas dans cette pièce !

Il semble que je vienne de déclencher la nouvelle guerre de 1914 !

Je peux en sourire des années plus tard, mais, sur le moment, pas du tout.

Il devient d'une violence inouïe. Il dit que je suis dans sa maison et que, si je suis dans sa maison, je suis sa femme, donc que je dois coucher avec lui ! Je lui réponds qu'il a *sa* femme dans l'autre chambre et n'a qu'à s'en contenter. Pas question qu'il vienne dans mon lit.

Chaque nuit est une bataille de tranchées. Par moments, j'arrive à mes fins. À d'autres, je l'abandonne sur mon lit, pour dormir sur le canapé ou par terre, mais il ne gagne pas. Il ne gagne plus du tout.

Le harcèlement est quotidien. Je fais la cuisine :

— Tu n'utilises plus mon gaz, puisque tu dis que tu n'es plus ma femme ! Tu ne couches plus avec moi, donc tu n'utilises plus mon gaz !

Il ne réfléchit même pas que la cuisine que je fais sur « son gaz » est pour ses enfants. J'opère un repli stratégique. J'ai rapporté d'Afrique un petit fourneau. Je vais donc acheter du charbon de bois pour faire un gril. Il donne un coup de pied dedans et renverse le tout.

Un soir, j'ai fini ma nuit sous le porche de l'immeuble, dehors, le visage maculé de sang, tellement il avait cogné. Dans un premier temps, je m'étais rendue au commissariat, avec mon précieux papier de séparation de corps.

L'agent de service m'a dit :

— Vous n'êtes pas tailladée, il n'y a pas urgence. Revenez demain, on verra ça.

Même pas une main courante. J'étais tellement outrée et vexée que je n'y suis pas retournée le lendemain. Je ruminais toute seule, à la porte du commissariat : « Tous les hommes sont pareils ! Pas la peine de se plaindre à moins d'avoir un œil arraché ! Et la violence peut continuer. Tout le monde s'en fiche ! »

Il était minuit. Je pleurais d'avoir dû laisser les enfants là-bas. Je ne pouvais pas faire autrement. Quand les coups ont commencé à pleuvoir, j'ai pris mon sac, mon manteau, j'ai dit aux enfants de rester couchés :

— Ne bougez pas de là, je reviens.

J'espérais que la police ferait quelque chose en voyant ma tête, et viendrait au moins lui faire la leçon, et qu'on me trouverait un foyer où je pourrais me réfugier avec les enfants. Mais rentrer dans la nuit, seule et sans secours, après ce qui s'était passé, je n'en avais plus le courage.

J'ai patienté sous le porche de l'immeuble en guettant l'heure à ma montre. À cinq heures et demie, je suis allée dans le métro pour avoir chaud, je suis montée dans une rame. Au terminus, je changeais de côté pour repartir dans l'autre sens. J'ai fait la ligne Église de Pantin-Place d'Italie en boucle, deux ou trois fois. J'attendais qu'il soit sept heures et demie pour revenir à la maison. Je savais qu'il serait parti travailler à cette heure-là.

Et dans le métro, ça tournait dans ma tête – la rage, la colère, l'impuissance. Comment me sortir de là ? Comment vivre ailleurs ? Je ne voyais pas d'issue. Pas de travail, pas de salaire, pas de logement. C'est l'engrenage infernal.

J'ai réveillé les enfants, je les ai douchés, nourris et emmenés à l'école. Et toute la journée, comme les autres jours, j'ai cherché du boulot, et un appartement. C'est devenu une obsession. Et je cours partout. Et comme je n'ai plus d'argent pour payer l'avocat et suivre la procédure de divorce, je demande l'aide juridique.

L'urgence de ma situation n'ébranle pas l'administration. Six mois d'attente avant d'avoir une réponse. Tant pis. Il y a une autre urgence : travail et appartement.

Je refuse de tomber dans la dépression, ça n'existe pas en Afrique. J'ai vu trop de femmes dépressives en France s'enfoncer lentement et ne plus s'en sortir. J'ai vu des femmes africaines, à bout de forces nerveusement, que l'on a prises pour des folles. Je ne veux pas me retrouver bourrée de médicaments, et épuisée. Ce n'est pas dans mon caractère. Si j'ai été dépressive après la mort de ma fille, c'était une période de deuil obligatoire. Je l'ai surmontée, même si je n'oublierai jamais.

Je veux me battre, m'en sortir ici, avec mes quatre enfants, ou retourner aux sources, dans ma famille. Je me le suis promis à moi-même. Plus jamais victime, soumise et passive. Comme on dit au Sénégal : « Cultive ton champ ; si tu restes au lit, ce n'est pas le bon Dieu qui le cultivera. »

L'appartement des larmes

Je n'arrête pas de marcher, de courir d'une association d'entraide à une autre, j'en ai même créé une moi-même en 1988. Je donne des cours d'alphabétisation, des cours de couture. J'en ai besoin, car en aidant les autres je m'aide moi-même. Si je m'arrête de militer, d'aider, je sens que tout sera fichu pour moi. C'est ma façon de cultiver mon champ.

Le seul élément stable dans mon existence : mes enfants. Ils sont à l'école toute la journée ; à midi, ils mangent à la cantine, que je paie seule. Les professeurs et les maîtresses sont au courant de ma situation, et demeurent discrets. Les voisines du quartier, en revanche, sont aux premières loges de mes difficultés, car les bagarres avec mon ex-mari éclatent tous les deux ou trois jours, et je ne peux pas les éviter. Ce serait lui céder. Je me retrouve une fois à l'hôtel avec mes enfants, la violence est devenue trop insupportable ; j'ai le visage enflé, il me bat régulièrement, et tout aussi régulièrement je résiste. J'ai ma liberté, je suis vivante. Je veux la victoire définitive. Qu'il demeure le père de mes enfants, mais abandonne l'idée d'être mon « mari ». Qu'il arrache de son esprit l'idée que le divorce n'est fait que pour les Blancs.

J'utilise tous les moyens à ma disposition pour tenir le coup ; j'obtiens une aide de la mairie et je dépose une demande d'attribution de logement. La police s'est déplacée à deux reprises, tellement les voisins en avaient assez. Surtout ma maman française, qui envoyait son mari régulièrement pour tenter de le calmer. Ils lui ont dit un jour :

— Nous, on ne te parle plus, c'est fini avec toi.

Le soir, ils ont appelé la police, pour nous séparer. On m'a proposé de porter plainte, mais je ne l'ai pas fait, pour les enfants. Je suis restée dans ma chambre, il est parti dans la sienne. J'avais bien imaginé changer la serrure, mais ça coûtait trop cher, je n'en avais pas les moyens. Mes ressources étaient sérieusement limitées, uniquement consacrées à l'entretien et à la nourriture des enfants. Je faisais en sorte qu'ils mangent vers six heures du soir, puisqu'il rentrait vers huit heures. Pour aller plus vite, j'achetais des plats préparés, du poulet rôti, de la salade. Je me couchais avec une aiguille à tricoter sous mon oreiller – défense dérisoire, pourtant, s'il venait dans la nuit, je pensais le piquer n'importe où. L'aiguille se serait tordue probablement... Toutefois, ça me rassurait. Je dormais aussi avec mon sac à main, car il fouillait partout, à la recherche de mes papiers, pour les détruire. Mais malgré toutes mes précautions, il a fini par réussir, un soir.

Il est venu pour dormir dans la chambre, mauvais, agressif, et j'ai dit non une fois de plus. Il a attrapé mon sac et pris ma carte de séjour. Le lendemain, je suis encore allée voir mon oncle. Et j'avais honte, tellement honte, d'emmerder le monde, d'être obligée de réclamer de l'aide sans arrêt.

— Habillée comme tu es, qu'est-ce qu'il y a encore ?

Il a téléphoné à mon mari, qui a juré effrontément ne pas avoir touché à mes papiers. Alors je suis allée à la préfecture demander un duplicata de ma carte de séjour. Mais, quelques semaines après, mon oncle m'a dit :

— Tu avais raison, il a pris tes papiers, il s'en est vanté auprès de quelqu'un qui me l'a répété. Il les a jetés à l'égout.

Pour obtenir ma soumission, il aura tout essayé, je crois. Le viol conjugal, l'argent, et maintenant les papiers. Et il devenait enragé de ne pas parvenir à ses fins. Il ne m'aimait pas, il voulait seulement redevenir le maître.

Cependant, plus sa brutalité augmentait, plus je me révoltais. Après une nuit de violence, l'assistante sociale a débarqué à la maison.

— Je ne peux plus vous laisser ici. Je n'ai pas d'appartement à vous donner, mais je vais trouver un endroit.

Je lui ai demandé de chercher en province, loin du quartier, à la campagne, dans un village, n'importe où, j'irai travailler dans les champs. Elle est revenue dans l'après-midi, et nous a emmenés, les enfants et moi, dans un hôtel social, où la mairie m'avait trouvé une chambre pour quelques jours. Mais, naïve comme j'étais encore, malheureusement, j'ai accepté d'écouter mon cousin, venu m'amadouer, me parler des enfants, de leur père, de la mauvaise réputation que je lui faisais – me culpabiliser consciencieusement !

Et je l'ai suivi. Si je n'avais pas quitté cet hôtel, j'aurais peut-être atterri dans un foyer loin de Paris et pu refaire une vie ailleurs. Cette chambre n'était pas pratique, mais au moins j'étais libre, tranquille, et pas battue. Au lieu de cela, je suis retournée à la maison pour retrouver la violence. M'astreindre au silence depuis que je lui avais promis de ne plus lui parler. Mais lutter en paroles ou en silence revient au même, je prenais des coups.

J'ai gardé de cette sale période une carapace toute prête. Si une dispute se prépare autour de moi, je fais silence ; je ne veux plus me chamailler, ça n'en vaut plus la peine.

Un jour, un cousin très proche m'a proposé de venir chez lui quelque temps avec les enfants, histoire de calmer tout le monde. Il habitait quelque part dans les Yvelines. Je ne travaillais pas, c'étaient les vacances de la Toussaint, j'ai accepté. Je commençais à perdre confiance en moi. Si je ne dénichais pas d'appartement, j'allais craquer. D'autant plus que je tenais ma mère à l'écart des violences que je subissais. Il y avait déjà trop d'histoires, et j'avais honte. Je pouvais me plaindre à la police ou à une assistante sociale... mais pas à ma mère. En 1989, je n'étais pas la seule femme africaine dans ce cas, mais l'on parlait trop peu des femmes battues alors ; les coups et l'humiliation, on les gardait pour soi. Battue la nuit, je faisais mon possible pour camoufler les marques le lendemain matin. Et courir, toujours courir, harceler la mairie pour l'appartement, trouver du travail.

Je ne suis restée que quelques jours chez mon cousin. S'installer chez les autres avec quatre enfants, quand on n'a pas le sou, c'est difficile.

Mais c'était une accalmie pour eux. Au bout du cinquième jour de vacances scolaires, un vendredi, je vais à Paris vérifier que les allocations sont versées. Si c'est le cas, je ferai quelques courses au retour. Je laisse mes enfants, et je pars à Paris. Sur la route, quelque chose me dit : « Tu devrais téléphoner à la mairie, on ne sait jamais... »

Je sors du métro et j'appelle mon assistante sociale.

— Ah, c'est vous ! Le maire vous cherche depuis quatre jours ! On a deux courriers pour vous, on n'a pas voulu les envoyer chez vous, de peur que votre mari les intercepte. Le maire a une proposition de logement à vous faire !

L'émotion m'a prise au ventre, j'ai failli m'évanouir là, dans cette cabine téléphonique.

— Quoi ? Répétez ! Je viens, je viens, j'arrive tout de suite.

— Mais vous étiez partie où ?

— Je me suis sauvée.

— On s'en est douté. Hier, ma collègue a fait un tour chez vous. On essayait de vous joindre depuis plusieurs jours, on craignait que votre mari vous ait renvoyée au pays.

Je cours à la banque : le virement des allocations est arrivé. Je prends la moitié de la somme, et je saute dans un taxi que je paie deux cents francs ! Une orgie.

Les idées se bousculent dans ma tête qui bat comme un tambour, je n'entends plus rien ; le chauffeur me parle, je ne comprends rien. En descendant, j'ai même peur de tomber, tellement mes jambes flageolent. Et pourtant je me précipite au bureau de l'assistante sociale.

— Trois appartements se sont libérés, c'est à vous de choisir.

— Je prends celui qui est le plus loin.

Elle éclate de rire, et je fonds en larmes !

— Vous pouvez visiter les trois !

— Non, non ! Dites-moi seulement où est le plus loin.

Le plus éloigné est un F5. Et je repars en courant. J'oublie de dire au revoir, merci ; je me retourne pour le leur crier. Il est midi, tout est fermé. On m'explique que le gardien est absent jusqu'à trois heures et que je ne peux pas visiter. Alors, j'attends. Je n'ai pas faim, je fais les cent pas devant cet immeuble qui recèle un trésor. Je le prendrais même sans le visiter, cet appartement, mais je dois le faire, et dire oui après.

À trois heures moins dix, je suis plantée devant la loge du gardien. Il ouvre. Je lui montre le papier de la mairie et il m'emmène enfin à l'appartement. Il est grand, vide, il vient d'être repeint. J'oublie le gardien, je m'assieds par terre au beau milieu du salon, les bras ballants, et je pleure comme une fontaine.

C'est la plus grande victoire de mon existence. Je pleure de soulagement, de délivrance. C'est la fin du cauchemar. On peut m'insulter, dire tout ce qu'on veut sur mon dos, je ne recevrai plus de coups. Je suis LIBRE !

Je fonce à la mairie pour signer les papiers. Problème, je n'ai pas de bulletins de salaire. Les cours d'alphabétisation que je donne sont du bénévolat. On a bien promis un jour de me payer au moins mes déplacements... je pourrais peut-être obtenir une fiche de paie pour ça. Je repars, toujours en courant, jusqu'au siège de l'association.

J'explique mon affaire à la gérante.

— On va voir ce qu'on peut faire. J'ai reçu un peu d'argent de la préfecture, je peux déjà te rembourser rétroactivement les transports en bulletins de salaire.

Munie des trois bulletins de salaire indispensables, je dépose mon dossier et, une semaine plus tard, je suis convoquée pour signer le bail.

En sortant, après avoir signé, je riais comme une folle, les gens devaient me prendre pour une malade ! Ils ne pouvaient pas savoir ce que je venais d'obtenir ce jour-là ! Au lieu de rentrer chez moi, je fonce directement à la cité. Malheureusement, c'est une cité, on ne peut pas tout avoir ! Je vais chercher les clés, et je pénètre, toute seule cette fois, en locataire officielle, libre et indépendante, dans mon appartement. J'ai besoin de revoir ces murs, ce plancher, ces fenêtres. Besoin d'aller au bout de ce bonheur tant attendu. Il faut avoir subi ce que j'ai subi, avoir lutté pendant des années pour sortir de ce qui était devenu une prison, un lieu de torture mentale et physique, pour comprendre l'émotion et la reconnaissance qui m'envahissent à cet instant-là. À la mairie, les assistantes sociales m'ont aidée, elles se sont démenées pour moi, comme je me démène pour les autres femmes, elles le savent bien. Dieu ne m'a pas abandonnée, jamais. Il a toujours été là, même aux pires moments, il m'a donné la force de tenir. Je suis croyante, je peux le remercier d'avoir entendu mes prières.

Je retourne à la maison, tellement contente que je ne peux pas le cacher aux enfants. J'ai décidé de leur dire : « Je vous laisse le choix. Je ne veux pas vous priver de votre père. Celui qui veut me suivre me suit, celui qui veut rester avec son père reste avec lui. » Je n'ai pas l'intention de les arracher de force et de les perturber. L'aînée a alors treize ans, la deuxième onze ans, mon garçon huit ans et la petite dernière quatre ans. Elle est encore à la maternelle. Les autres sont en primaire et la grande au collège.

Les enfants ne supportent plus l'ambiance désastreuse et violente qui règne à la maison.

— Pas question de rester là, on vient avec toi, maman.

— Alors, c'est un secret. Si jamais l'un de vous dit à papa qu'on a trouvé un logement, je lui coupe la langue !

Je m'en excuse, mais c'était le seul moyen de leur faire respecter le silence, sauf la petite qui reste dans l'ignorance totale. Il ne fallait pas que leur père sache où nous allions. Et j'ai besoin d'une semaine pour organiser le déménagement. Je procède par petites étapes, comme une souris silencieuse et invisible. Dès que les enfants sont à l'école, j'enfile des vêtements les uns sur les autres, et je prends un taxi. Quand je sors, l'autre épouse ne peut pas me voir, ses fenêtres donnent sur la cour. Je peux même sortir par la fenêtre, sans passer par la grande porte, jeter un ballot et le récupérer.

Ma maman française est dans la confidence. Comme je n'ai pas les moyens de payer un camion de déménagement, je laisserai au dernier moment dans sa cave ma grosse malle et des valises que je récupérerai plus tard. Lentement, j'ai vidé la chambre de mes affaires personnelles, et ils n'ont rien vu.

L'armoire, la télévision, le lit surtout, je n'en veux pas. C'est le malheur, et le malheur doit rester là, derrière moi. Je suis devenue superstitieuse, j'ai peur qu'il ne me suive.

Je veux seulement mes vêtements et ceux des enfants, les couvertures, les draps et quelques ustensiles de cuisine. Durant toute cette semaine, j'ai répété chaque soir aux enfants qu'ils avaient le choix, que je ne les emmenais pas de force. Mais leurs inscriptions dans la nouvelle école sont déjà faites, par sécurité.

Le grand jour, le dernier, est arrivé. Il me reste à déménager le plus gros, une large bassine avec mes ustensiles de cuisine, les couvertures et les draps. J'avais espéré pouvoir compter sur la camionnette de l'ami d'une amie, mais il m'a lâché au dernier moment. Je traîne une grosse malle jusqu'à la cave de ma maman française en passant dans la cour, juste sous les fenêtres de la coépouse.

Normalement, elle pourrait parfaitement me voir, mais il est dix-neuf heures, c'est l'heure de son feuilleton, elle est tellement accrochée à *Santa Barbara* qu'elle ne remarque même pas le va-et-vient dans la cour.

Mon mari rentre à vingt heures. Il faut y aller. Je sors guetter un taxi devant l'immeuble. Ironie du sort, le chauffeur qui s'arrête est un Africain. Un Malien, très sympathique. Je me suis éclipsée comme ça, tout doucement, avec les enfants. C'était une fuite, j'aurais bien aimé pouvoir partir autrement ; c'était, hélas, impossible.

Un quart d'heure plus tard, on était chez nous. Pas de lits, pas de télévision, pas de meubles, je n'aurai des matelas pour les enfants que le lendemain, grâce à Emmaüs. Quant au téléphone, il n'y en aura pas. C'est un moyen trop facile de me retrouver.

J'ai prévenu seulement ma mère et mon oncle, pour qu'ils ne s'inquiètent pas. Et j'ai appris que ce dernier avait appelé ma mère en prétendant que j'avais fui avec un homme. Le chauffeur de taxi, probablement ?

On m'a donné un vieux réfrigérateur, et j'ai attendu les revenus de mes cours pour acheter une télévision. Je ne voulais pas que les enfants se sentent isolés et, dans ce nouveau quartier, je préférais qu'ils n'aillent pas jouer dehors. Je craignais aussi qu'on ne les envoie un jour en Afrique. C'est la tactique des hommes, kidnapper les enfants et les expédier au village de façon qu'on ne puisse rien faire pour les récupérer.

La télévision est restée par terre pendant deux mois, je n'avais pas de table. Mais, petit à petit, avec l'aide de tout le monde, des gens que je ne connaissais même pas dans cette école, où je venais d'arriver, je m'installais. Après le réfrigérateur, on me proposait gentiment un petit meuble par-ci, une bricole par-là...

J'ai acheté un lit, un meuble, une table. Et la chose la plus importante, tellement j'avais toujours peur que les enfants n'aient faim, un congélateur ! Je n'ai jamais manqué moi-même, enfant, ma mère y veillait... Elle a dû me transmettre cette hantise. Je voulais que, même en mon absence, ils trouvent toujours à manger dans ce congélateur. Le loyer de l'appartement était d'environ deux mille francs. Il ne restait pas grand-chose à la fin du mois. Heureusement, j'avais toujours ma machine à coudre, et je continuais à faire de la couture pour les femmes africaines. Un boubou, c'était cinquante francs. Ça m'aidait à tenir le coup. Je voulais pour mes enfants toutes les activités sportives et extra-scolaires. Qu'ils ne traînent pas dans la cité, ou s'ennuient à la maison. Pour une fois, ils avaient la place de faire leurs devoirs dans de bonnes conditions, j'avais réparti les chambres, et tout se passait bien.

Un après-midi, mon oncle, que je respectais beaucoup, est venu me voir avec des cousins très proches. Je leur souhaite la bienvenue, tout le monde s'installe, je sens venir la réunion familiale...

— Maintenant que tu as trouvé un grand appartement, on voudrait te demander la réconciliation avec ton mari, que sa femme vienne, que vous habitiez tous ensemble, il y a assez de pièces pour tout le monde.

— Vous n'avez rien compris depuis le début ! C'est ça le problème. Vous croyez que j'ai fait ça

176

par caprice ? Je ne veux plus jamais le voir ni vivre avec lui. Ici, c'est chez moi.

— Calme-toi, calme-toi !

— Je suis calme. Mais je vous rappelle que pour moi ce mariage est fini !

Parler avec eux de divorce ou de séparation de corps ne sert à rien. Ils n'entendent pas le mot, ils ne veulent même pas l'envisager. Je suis face à un mur ; je pourrais me cogner la tête dessus pendant des jours, j'entendrais toujours la même chanson jusqu'à épuisement.

— C'est ton mari. Il doit vivre avec toi.

— Non, c'est fini. Je ne veux plus de lui...

— Surtout, n'interdis pas aux enfants de voir leur père !

— Ce n'est pas mon intention. J'ai dit aux enfants : le métro est là ; pour vous rendre chez votre père, il y a trois stations, vous y allez quand vous voulez, vous m'avertissez, c'est tout ! Le juge lui a accordé un droit de visite bien précis, mais je ne veux même pas les contraindre à le respecter !

Ils sont partis, et il m'a fallu du temps pour retrouver mon calme. La pression de l'oncle et des cousins ne cesserait pas de s'exercer aussi facilement. J'ai compris ce qui se passait en sous-main. Il voulait s'installer chez moi, avec sa deuxième épouse et ses enfants, parce que la communauté – oncle et cousins – l'y encourageait manifestement. Cet appartement que j'avais conquis à force d'obstination leur semblait bien trop grand pour moi ! Et comme j'en assurais le loyer...

Une sourde inquiétude me taraudait aussi la cervelle. Le soir même, j'ai dit aux enfants, les trois plus grands :

— Écoutez-moi, faites attention à une chose importante ! Le chemin de l'aéroport n'est pas loin, on peut vous expédier directement à Dakar ou au village, et vous seriez enfermés là-bas, jusqu'à ce que je puisse venir vous rechercher. Alors souvenez-vous de ça : attention à la route de l'aéroport. Que ça vous reste bien dans la tête.

Quelque temps après cette première visite, mon oncle m'appelle. C'est une nouvelle tentative de conciliation. Puisque je ne veux pas que la deuxième épouse habite avec moi, je dois au moins accepter que mon mari vienne dormir chez moi un jour sur deux.

— Ton mariage doit être maintenu. Ton mari est ton mari, il a le droit de venir chez toi !

Retour à la polygamie ! Cette fois, j'ai hurlé de rage :

— Est-ce que je parle à un mur, ou quoi ? Vous ne comprenez pas ? Ce n'est ni à elle ni à lui que j'en veux ! Je ne veux plus de ce mariage ! Je veux qu'on me laisse tranquille. Je veux rester dans mon coin !

Après cet éclat, je me croyais tranquille. Mais quelque temps plus tard, un jour vers une heure de l'après-midi, on sonne à ma porte. J'ouvre. C'est mon mari.

— Qu'est-ce que tu fais là ?
— Je suis venu voir où tu es !
— Je sortais.

Je ne veux pas qu'il entre dans l'appartement. Je prends mon sac, tire la porte et ferme à clé en le laissant sur le palier. Il me suit. Dehors, je prends le bus devant la maison, il le prend aussi. J'ai dû faire trois tours avant de pouvoir le semer à un carrefour, où j'ai couru pour monter dans un autre bus, hors de moi. Quand allait-il me laisser tranquille !

Avant mon départ, il répétait toujours, dans la colère :

— Tu ne peux aller nulle part ! Je te donne une semaine. Tu dis toujours que tu vas partir un jour et tu ne le fais pas ! Et si tu pars, tu reviendras à genoux me demander pardon.

Il ne me croyait pas capable de le quitter pour ne plus jamais revenir.

Pendant six mois, j'ai subi l'assaut des cousins proches, des amis à lui.

— Retourne dans ton mariage...

Je croisais quelqu'un dans le métro ou dans la rue :

— S'il te plaît, pour tes enfants, retourne au mariage !

Finalement, ils ont compris que je ne voulais plus en entendre parler. J'ai dit à mon oncle :

— J'ai un grand défaut, je viens de le découvrir : quand je tourne le dos et que je dis c'est fini, je ne reviens jamais en arrière. Je ne veux pas que les histoires continuent dans la famille à cause de moi, je veux que ça finisse.

Les enfants allaient voir leur père pratiquement tous les week-ends. J'ai laissé la petite dernière une fois, pour quelques jours de vacances, elle m'est revenue, la tête pleine de poux. Cette femme n'était même pas capable de s'en occuper, ou alors elle reportait sur ma fille la haine qu'elle me vouait.

Un dimanche de février 1990, alors que les enfants étaient chez leur père pour le week-end, j'en ai profité pour sortir de mon trou. Je venais de croiser par hasard, au tribunal, en faisant mes démarches pour le divorce, un Africain venu en France pour préparer un diplôme de magistrat. Comme il était nouveau à Paris, je lui avais proposé de lui faire faire le tour de la ville. Sortir avec quelqu'un qui ne connaissait ni mon histoire ni ma famille ne me ferait pas de mal. Au moins, il ne poserait pas de questions, et ne me demanderait pas de retourner dans mon mariage ! Je lui ai montré les quartiers que j'aimais bien... une balade de dimanche après-midi, tranquille. Quand je suis rentrée vers cinq heures, en ouvrant la porte, les enfants se sont jetés sur moi !

— Plus jamais, plus jamais on ne retourne chez papa, on n'y va plus.

Heureusement que les enfants avaient la clé de l'appartement, sinon il les emmenait à la DDAAS !

Les enfants m'ont raconté leur aventure par bribes : leur père, avec des cousins que je n'aurais jamais soupçonnés de faire ça, leur avait expliqué qu'ils allaient « accompagner un tonton à l'aéroport ».

— Les copains de papa, ils nous tenaient par le bras, et ils nous pinçaient chaque fois qu'on disait un mot !

Ils ont enregistré les cinq billets pour le père et quatre enfants. Je suppose qu'il a utilisé à ce moment-là un vieux livret de famille, car j'ai su plus tard qu'il avait tenté d'obtenir, avec ce vieux livret, une autorisation de sortie pour les enfants. Mais, à l'ambassade du Sénégal, on me connaissait au service social, et la dame lui a dit :

— Désolée, je ne peux pas, il me faut la signature de la mère.

Il est sorti de là bredouille. Et il a tenté le coup avec le livret de famille, pensant qu'il pouvait quitter le territoire français avec les enfants sans trop de problème. Les enfants sont passés en salle d'embarquement. La petite dernière dormait sur l'épaule de son père ; si elle avait été seule, je ne l'aurais jamais revue...

Les trois autres ne pouvaient pas faire grand-chose tant que les cousins les tenaient ; mais, une fois passés dans la salle d'embarquement, ma fille aînée et mon fils ont repéré des policiers en uniforme qui faisaient une ronde. Ils se sont glissés en vitesse jusqu'à eux.

— Papa, il veut nous emmener, mais il n'a pas le droit de le faire. Maman ne veut pas.

Ils se sont retrouvés dans le bureau de la police. On les a interrogés séparément, et ils ont donné la même version sans se concerter.

Leur père a dû prendre l'avion suivant, je suppose qu'il a eu quelques explications à donner ! La police a ramené les enfants à la maison et, avec l'accord des voisins, les a laissés sur place. Je tremblais en les écoutant. S'il n'y avait pas eu les voisins, si les enfants n'avaient pas eu la clé sur eux, la police aurait pu les embarquer dans un foyer. Mes trois petits héros ne s'étaient pas laissé faire. « Attention à la route de l'aéroport ! » Ils n'avaient pas oublié.

J'ai prévenu mon père par téléphone.

— Ce n'est pas grave, ce sont ses enfants à lui aussi. Quand il va arriver, on va en discuter, ne t'inquiète pas. Ne fais pas d'histoires.

— Non, je ne fais plus d'histoires. Le bon Dieu a permis que mes enfants restent ici, c'est tout ce que je voulais.

Immédiatement après cet épisode, le lundi matin, je me suis présentée à la préfecture pour faire établir les certificats de nationalité de mes enfants. J'ai fait de mon côté une demande de nationalité française. Jusque-là, je préférais garder la couleur Sénégal...

J'ai activé le divorce, avec l'assistance judiciaire. En revanche, le divorce religieux restait inaccessible, lui seul pouvait en décider. Or il affirmait depuis le début qu'il n'en voulait pas et ne céderait jamais.

— Ce n'est pas moi qui ai fait le mariage, ce sont les parents ! Et c'est à eux de faire ce divorce. Demande-leur, ne m'emmerde pas !

Il faut toujours demander, une femme africaine musulmane ne s'appartient pas.

J'étais toujours une femme africaine, toujours musulmane et croyante. Mais obstinément révoltée contre le système qui voulait m'enfermer à vie. J'avais dû naître ainsi sans le savoir.

Plus jamais d'excision, j'en avais préservé la dernière-née. Et pas de mariage arrangé, ni pour mes filles ni pour mon garçon.

Je suis partie en Afrique demander respectueusement que la famille veuille bien faire le nécessaire pour m'accorder enfin mon divorce. Ce n'était pas gagné d'avance.

Combat

Dakar. Je suis devant mon père, c'est à lui dans la hiérarchie familiale que je dois d'abord demander.

— Papa, je veux que tu m'aides à avoir la dissolution de ce mariage.

Il ne me fait aucun reproche, ne pose pas de questions. Il est très certainement au courant des tentatives de mon mari pour détruire ma réputation. Pas de commentaire.

— Quand un mariage ne marche pas, il faut simplement éloigner les deux personnes. Inutile de s'insulter, ou de se haïr. Seulement, il faut que j'aille consulter mon frère au village, c'est à lui de décider, il est l'aîné de la famille, à présent.

Tout est si compliqué, mon mari est le neveu de cet oncle, lui-même frère de mon père... C'est le résultat de la tradition soninké. Chez nous, il arrivait qu'à la naissance d'une fille une mère lui attache au poignet un petit morceau de tissu, qui voulait dire « je la réserve pour mon fils » ! Et toute bonne mère voulait que sa fille épouse son cousin germain, pour préserver la lignée familiale. Pas question de mariage inter-ethnies. La consanguinité ne fait peur à personne, par simple ignorance. D'où les mariages arrangés, assortis au préalable de l'excision des filles, car un Soninké digne de sa famille n'épouserait jamais une fille « impure ».

J'ai obtenu le divorce de la même façon que l'on m'avait attribué ce mariage. Un accord verbal entre hommes l'a dissous aussi facilement qu'un nuage de fumée. Ma liberté m'était définitivement rendue. Monsieur demeurait le père de ses enfants, madame pouvait militer et gagner sa vie comme elle l'entendait.

Je militais en France depuis les années 1980. C'est en 1986, je travaillais alors comme interprète, que je rencontre Koumba Touré, elle-même interprète et vice-présidente du GAMS. Elle m'a parlé de cette association, elle m'a entraînée et depuis nous y sommes avec une même conviction, jamais affaiblie.

C'était, et c'est toujours, une association laïque et apolitique, composée de femmes africaines et françaises. Outre l'excision, le GAMS s'efforce de lutter par l'information et la prévention contre les pratiques traditionnelles néfastes : mariages forcés et/ou précoces, grossesses rapprochées. C'est un travail de fourmi, qui consiste essentiellement à éduquer les femmes à l'occasion d'une consultation en gynécologie ou en maternité infantile. Les informer des complications dues à la mutilation sexuelle – problèmes gynécologiques, urinaires, difficultés à l'accouchement. Nous savons que les femmes excisées subissent dans leur grande majorité, et à chaque accouchement, une épisiotomie, voire une césarienne. Et les grossesses rapprochées, nombreuses, en moyenne de quatre à une dizaine d'enfants parfois, aggravent ces problèmes. Il faut faire en sorte qu'elles ne laissent pas reproduire sur leurs filles, nées ou à naître, cette barbarie dont elles souffriront à vie. Expliquer aussi que la religion n'a jamais imposé cette mutilation. Et nous avons besoin pour cela de l'implication des chefs religieux en Afrique. C'est à eux de démonter le vaste mensonge entretenu depuis des siècles, par ignorance des textes. En réalité, excision ou infibulation sont prônées par les hommes et exécutées par les femmes, pour de mauvaises raisons.

Un Africain m'a dit un jour :

— C'est pour que les femmes ne soient pas violées !

— Parce que tu penses qu'un violeur va s'intéresser à l'intimité de la femme ? Tu crois qu'il va regarder d'abord, et violer ensuite ?

Un autre :

— C'est pour qu'elles ne soient pas tentées d'aller chercher un autre homme !

— Les priver de plaisir ne suffit pas à les priver de désir. La sexualité d'une femme mutilée est aussi triste pour elle que pour toi !

J'ai découvert une liste de mauvaises raisons encore pires : il s'agirait d'accroître le plaisir de l'homme. Il s'agirait de maintenir la cohésion sociale...

Cet organe génital de la femme serait jugé sale et laid, voire diabolique. L'enfant à naître ne devrait pas l'effleurer à la naissance, sa survie en dépendrait.

Cet organe, comparable en miniature au sexe masculin, doit être supprimé.

L'ablation du clitoris est le symbole de la soumission.

Elle augmenterait la fécondité de la femme.

Et enfin, le grand prétexte de la religion.

La révélation de cette barbarie m'a véritablement sauté au visage lorsqu'une petite fille malienne est morte, en France, des suites de l'excision. C'était en 1982, elle s'appelait Bobo Traoré. Pendant longtemps, j'avais « accepté » cette mutilation, au point que mes trois premières filles en avaient été victimes. Je l'avais même « oubliée », perdue dans mes problèmes personnels. Mais le décès de ce tout petit enfant, à Paris, dont les médias se sont emparés à juste titre, m'a réveillée, comme il a réveillé la société française de l'époque et beaucoup d'Africains.

Nul n'en parlait ouvertement alors, et la grande majorité des Français ignoraient jusqu'à l'existence de cette pratique en Afrique. Aucun ethnologue, aucun chercheur n'avait soulevé le problème. Et soudain on traitait les Africains de barbares au journal de vingt heures !

Quelque temps après cette affaire, dans mon travail d'interprète au sein d'Interservice Migrants, les pédiatres ont commencé à nous poser les vraies questions. Moi-même, je ne connaissais pas grand-chose sur l'origine de cette pratique, mais, au fur et à mesure que mes problèmes personnels s'arrangeaient, j'ai participé davantage aux réunions mensuelles à la Maison des femmes de Paris.

Au début, je ne disais rien, j'écoutais. Et, petit à petit, j'ai appris la vérité sur ce sujet. Par des médecins, puis par des lectures que je recherchais moi-même dans les bibliothèques. Je me suis rendu compte, dans un premier temps, que toutes les femmes musulmanes n'étaient pas excisées. Chez moi, au Sénégal, les Wolofs ne pratiquent pas l'excision. Dans certains pays arabes et d'Afrique du Nord non plus.

Premier constat : l'excision n'a rien à voir avec la religion. Pourquoi nous et pas les autres ?

Deuxième constat : les pédiatres nous parlent beaucoup des dégâts physiques et des conséquences néfastes sur la santé de la femme. Physiques d'abord, et psychologiques ensuite.

Nos mères ne nous ont jamais informées, alors qu'elles les ont vécus elles-mêmes.

Sur les conséquences psychologiques, nous avons fait seules, femmes africaines, un travail personnel. Et il était très difficile de se remettre en question alors. Difficile surtout de parler de nos expériences. Aucune femme n'avait envie d'étaler sa sexualité. Même pudeur et même repli sur soi en ce qui concerne ce sujet. D'ailleurs, comment évoquer un plaisir que l'on ne connaît pas ? Les femmes étaient gênées et choquées par la médiatisation de l'excision et par tout ce qui se disait autour d'elle. Leur pudeur en souffrait réellement.

— Non, non, on est très bien dans notre peau, pas de problèmes à l'accouchement, pas de problèmes sexuels, rien du tout.

En revanche, sur la « légitimité » de cette pratique, le choc était salutaire. Les médias nous traitaient de barbares, à propos d'une tradition qualifiée de culturelle, et nous n'avions pas la moindre explication rationnelle à donner. Et pour cause.

J'ai couru à la recherche d'informations de bibliothèque en bibliothèque, mais il existait alors très peu d'écrits sur ce sujet. En tout cas, le Coran n'en parlait pas, c'était une certitude.

Les militantes du GAMS étaient mieux informées. Elles disposaient, du reste, d'un petit film venu d'Afrique très justement intitulé *La Duperie*.

Les images sont terribles à regarder. Elles illustrent la cruauté et la barbarie de l'excision, au-delà du supportable. On y montre, filmée en direct, la scarification d'une petite fille et son excision au Nigeria, et, comble d'horreur, dans ce cas, elle est pratiquée par un homme !

L'excision dans mon pays est toujours une affaire de femmes, les hommes en sont physiquement absents et n'en parlent pas. Le sexe féminin est un tabou, j'ignorais que, dans d'autres régions, les hommes, déjà instigateurs de la prétendue tradition, s'en chargeaient eux-mêmes. Dans le cas de ce reportage, la mutilation est extrême, il s'agit d'excision et d'infibulation. Cette horreur consiste à tout couper : il ne reste rien du sexe de la petite fille. Ni clitoris, ni petites lèvres, ni grandes lèvres. Et la pauvre enfant est « recousue » entièrement. Sexe fermé contre toute intrusion autre que celle du futur époux qui va la déflorer à son mariage. On ne lui laisse qu'un minuscule orifice pour ses besoins naturels.

Car l'homme, si l'on peut encore lui donner le nom d'homme dans ce cas-là, est supposé déflorer sa jeune épouse ainsi « cousue » par la seule force de sa virilité. S'il n'y parvient pas, sa puissance sexuelle est mise en doute. On m'a dit que parfois il se servait d'un couteau pour ne pas être pris en défaut, sur ce terrain.

Lorsqu'elle est enceinte, au moment d'accoucher, il faut « découdre » la jeune fille, puis la « recoudre » ensuite. Et la « découdre » de nouveau à chaque accouchement. Et ainsi de suite...

C'est une horreur totale. Des souffrances à vie pour les jeunes mères, qui en meurent trop souvent, victimes d'hémorragies, d'infections de toutes sortes et de souffrances inqualifiables.

J'étais effondrée d'apprendre l'étendue des dégâts. Chaque ethnie a ses coutumes. Il y a l'excision simple, si l'on peut dire : suppression du capuchon clitoridien. Parfois, ce n'est que symbolique, une coupure pour faire jaillir le sang... Dans d'autres ethnies, on le supprime totalement. Mais ce

que l'on nomme l'excision pharaonique, l'inf[...]
tion, parce qu'elle était pratiquée en Égypte d[e]
l'Antiquité, est la pire de toutes.

Les premières petites filles africaines nées en
France ont toutes été excisées sans que personne
sache ou s'en préoccupe. Les gynécologues et les
sages-femmes ne pouvaient pas l'ignorer et, pourtant, de par ma propre expérience, je peux affirmer
qu'ils se gardaient bien d'en parler. C'était poli-
tiquement incorrect en ce temps-là, je suppose.

Cette histoire tragique, en 1982, allait nous permettre d'alerter plus facilement les mères africaines
immigrées. La première chose était de les persuader, avec l'aide des pédiatres dans les PMI, de ne
pas reproduire cette mutilation sur leurs filles.

La plupart ne lisaient pas les journaux, ne
comprenaient pas les informations à la télévision,
mais toutes savaient maintenant de quoi parlaient
les médias. Les militantes du GAMS se servaient
tout simplement du téléphone, car, même isolée en
banlieue, chacune avait le téléphone à la maison.
Ainsi passait l'information. Et je me suis aperçue
que beaucoup de femmes africaines, à l'époque,
connaissaient comme moi l'exciseuse de la petite
Malienne. Il fallait malheureusement une victime
expiatoire, un bébé martyr de trois mois, emportée
par une hémorragie, pour que les femmes immigrées se réveillent, et la France aussi.

Mais les parents ne comparaissaient à ce moment-là qu'en correctionnelle, pour coups et blessures, alors que de toute évidence il s'agissait d'un
acte criminel.

En 1983, un arrêt de la Cour de cassation a défini
l'ablation du clitoris sur mineure de moins de
quinze ans comme une mutilation volontaire, donc
un crime passible de la cour d'assises. Peine encou-
rue : entre dix et vingt ans de réclusion.

En 1984, la Ligue du droit des femmes, la Ligue du droit international des femmes et SOS Femmes alternatives décident de se porter partie civile dans le procès de la petite Bobo. Me Linda Weil Curiel, une avocate formidable que j'ai eu la chance de rencontrer alors, va réussir à démontrer l'incompétence du tribunal correctionnel en matière d'excision. Il ne s'agit pas de coups et blessures, mais de mutilation volontaire exercée par des parents ayant autorité sur un enfant mineur. Or la mutilation est un crime en France, l'exciseuse et les parents sont coupables de crime au même titre.

Le débat national est lancé, une première émission de télévision nous invite à en discuter, notamment face à l'avocat des parents de l'enfant. Il y a les partisans de l'exception culturelle, ces Africains outrés que la France ose toucher à leurs traditions. Certains avocats, prêts à défendre l'indéfendable, qualifient les femmes africaines de pauvres ignorantes, dont la responsabilité ne saurait être retenue.

Elles ne sont ni pauvres ni ignorantes, même si elles n'ont pas fréquenté les bancs de l'école, mais soumises et abusées par le système, oui ! C'est la vérité qui leur manque. Et si personne ne dit cette vérité, elles demeureront soumises dans un pays qui doit en principe leur offrir les moyens d'évoluer. J'assistais à ce débat télévisé, furieuse d'entendre ce genre d'inepties dans la bouche d'un homme de droit.

Il y avait aussi une femme africaine « militant » pour l'excision. Originaire de Guinée, elle se prétendait sans problèmes sexuels, fière d'être excisée, et disait :

— C'est une bonne chose ! Si c'était à refaire, je le referais !

J'étais scandalisée d'une telle hypocrisie.

— Chacun fait ce qu'il veut, madame. Allez vous faire ré-exciser si ça vous plaît, mais je vous défends bien de dire que c'est une bonne chose !

Je savais reconnaître personnellement, dans mon corps, les dégâts de l'excision, je portais en outre le remords de celle de mes filles. Et je pouvais à présent, en connaissance de cause, mettre ma « grande gueule », comme disait ma mère, au service de la vérité.

Je me suis lancée dans un militantisme acharné après ce débat ridicule. On nous réclamait partout pour traiter le sujet. Nous n'étions pas suffisamment armées pour répondre à l'effort de communication nécessaire. Il nous fallait des subventions, afin de pouvoir payer les bénévoles un minimum. Je travaillais pour vivre, comme les autres femmes au GAMS, et chacun sait que les heures et les jours de bénévolat ne nourrissent ni les mères ni les enfants. Or il y avait un énorme travail de prévention et de communication à faire.

Il existait alors un groupe de femmes et d'hommes assez hypocrites pour prétendre que les militantes du GAMS étaient à la merci des féministes françaises, manipulées par elles ! Il fallait expliquer que, si nous luttions en France, cette lutte était partie d'abord d'Afrique. Les femmes africaines s'étaient regroupées au sein d'un « comité interafricain », qui réunissait à l'époque plus de vingt pays. De nos jours, il en compte une trentaine. L'Afrique n'aurait-elle pas droit à son propre « féminisme » ?

La guerre contre l'excision n'était-elle pas une guerre de femmes légitime ? Nous n'étions pas dupes, personne ne nous manipulait ; en revanche, les femmes africaines qui prétendaient cela l'étaient, de toute évidence, par les hommes, car nous touchions à leur éternel pouvoir, enfin !

En 1986, un couple responsable de la mutilation de six petites filles est encore jugé pour « coups et blessures » en correctionnelle, le parquet les estimant « victimes de l'empreinte de leur culture ancestrale ». L'année suivante, en appel, et contre l'avis du parquet, rectification de la qualification. Il s'agit bel et bien, comme l'a démontré Mᵉ Weil Curiel, d'un crime.

Et, en 1988, c'est la première vraie condamnation, aux assises, à trois ans d'emprisonnement (avec sursis) à l'encontre d'un homme et de ses deux épouses. Il a fallu attendre 1991 pour voir la première condamnation d'une exciseuse à cinq ans de prison ferme. Puis, en 1993, la condamnation d'une mère et, en 1996, celle d'un père ayant fait exciser ses filles en Afrique, contre la volonté de leur mère. Enfin, en 1999, pour la première fois dans l'histoire judiciaire, une jeune fille malienne a le courage d'accuser l'exciseuse de service.

Elle a vingt-quatre ans, et est étudiante en droit. Elle-même excisée à l'âge de huit ans, elle a décidé de se révolter contre la mutilation annoncée de sa sœur cadette.

Déjà condamnée une première fois en 1988 à une peine avec sursis, l'exciseuse défendait sa coupable pratique, sous couvert d'« ignorer que la loi l'interdisait en France ». Et d'expliquer également qu'en sa qualité de « forgeronne », son rôle était d'aider les familles nobles, et de se mettre à leur service. Elle ignorait beaucoup de choses, et notamment qu'un juge français l'avait placée sous surveillance, et avait découvert qu'elle exerçait moyennant finance. Chaque pratique était facturée entre cent quarante et cinq cents francs français. L'accusation lui reprochait officiellement la mutilation de quarante-huit fillettes. Et il en existait certainement d'autres...

Lorsque j'entendais des femmes africaines défendre l'exciseuse, disant : « Elle est venue frapper à ma porte, je ne la connaissais pas, elle a demandé si ma fille avait besoin d'être excisée... », je n'y croyais pas. Pour ce que j'en sais, ce genre de chose ne se fait pas par hasard. Ou l'exciseuse de la famille, la femme « castée » forgeronne, prend l'initiative de le faire sans prévenir, et sans se faire payer – ce fut mon cas, mais au Sénégal –, ou les parents vont la chercher eux-mêmes et la paient, c'est le cas dans la communauté immigrée. Ils sont donc aussi coupables qu'elle.

J'ai assisté à ce procès. Me Linda Weil Curiel y représentait la partie civile. J'ai entendu la jeune fille témoigner, parler de l'intolérable souffrance, des cris de ses sœurs, et de sa vie sexuelle gâchée.

J'ai entendu le témoignage d'un pédiatre affirmant que l'ablation du clitoris n'est qu'une mutilation superficielle...

J'aurais voulu lui crier en pleine audience que, si on lui coupait d'abord quelque chose d'équivalent (pour être polie) avec une lame de rasoir, il pourrait venir m'en parler ensuite.

Heureusement, un expert a remis les choses en place pour moi.

— L'équivalent, chez un homme, c'est la section de la verge et du gland.

Enfin, la défense de l'exciseuse mettait en avant le fait que « connaître un interdit » est une chose, qu'en comprendre le fondement en est une autre...

Sur ce point précis, j'ai déclaré, comme le médecin de notre PMI, que dans notre secteur d'action la pratique avait quasiment disparu, grâce à notre travail d'information.

Or, dans Paris intra-muros, les PMI se montraient beaucoup plus frileuses, toujours sous prétexte d'exception culturelle, il ne fallait pas « bousculer » les femmes africaines immigrées. Comme le disait cette gynécologue, que je n'ai jamais oubliée :

— Fichez donc la paix au clitoris des Africaines !

C'est tellement plus simple et plus facile à dire quand on a conservé le sien.

De nos jours, de nombreux pays d'Afrique, dont le Sénégal, le Burkina Faso et la Côte-d'Ivoire, ont interdit légalement l'excision. Le Conseil d'État égyptien a tenté de le faire en 1996, mais, quelques mois après sa décision, l'opposition des intégristes religieux a fait reculer le gouvernement. Ces hommes ont obtenu que leur pratique soit autorisée dans les hôpitaux.

Et pourtant, seul contre tous, l'imam de la mosquée al-Azhar, au Caire, avait confirmé publiquement que le Coran ne la justifiait pas. Le chemin est encore long avant que ce mensonge cesse.

Entre-temps, en 1990, notre association obtient pour la première fois des subventions, et depuis lors nous sommes salariées au GAMS. Si peu que ce soit, cette aide nous permet d'accélérer le travail d'information du personnel médico-social. Et aujourd'hui, nous travaillons dans les écoles, à partir du collège, lycées et universités, écoles d'infirmières, de sages-femmes – tous ceux qui, plus tard, dans leur profession, vont côtoyer les femmes africaines. Nous continuons à aller dans les PMI pour organiser des réunions d'information avec des femmes africaines et pour le personnel.

Le GAMS est la première association sur la question en Europe, nous participons à des conférences internationales. J'y assiste comme consultante experte et conférencière. En 2000, je rencontre

Emma Bonino – députée européenne – qui me demande de participer à une campagne international : « Stop FGM » – en anglais, *female genital mutilation*. C'est une femme extraordinaire, qui lutte pour les droits de la personne en général, et de la femme en particulier.

Et pendant ce temps, j'ai trouvé du travail. J'avais essayé toutes les formations possibles durant les années 1980, y compris celle d'aide-soignante, et une préparation à l'école d'infirmières, mais je n'avais pas pu continuer à force de me débattre dans cette situation infernale. Grâce à la clinique où j'avais fait un stage, j'avais trouvé un emploi humain, mais difficile, car il s'agissait de s'occuper de malades en fin de vie. Je travaillais de nuit, de huit heures du soir à huit heures du matin. Dans la journée, je militais. Les enfants grandissaient, et je me sentais moins seule grâce à une amie sénégalaise que j'hébergeais à la maison. C'était ma seule véritable amie, encore aujourd'hui. Je me tenais à l'écart de la communauté – trop de compatriotes m'avaient rejetée parce que je sortais du moule imposé aux femmes africaines. Certains m'ont aidée en restant neutres dans ce conflit conjugal, d'autres m'ont bannie, insultée, au moment où j'étais dans les pires difficultés. Ce sont des étrangers à ma communauté qui m'ont sauvée. Les assistantes sociales de la mairie, les copines militantes et quelques amies et amis africains.

En 1993, prise d'une envie de culture universitaire, j'ai passé l'examen d'entrée à l'université de Paris-VIII, pour y faire un DEUG de sociologie africaine. Je voulais savoir si j'étais capable d'aller jusque-là. Au bout d'un an de cours, j'ai perdu patience, je n'apprenais là que des choses connues !

Le GAMS travaille toujours en collaboration avec les associations africaines locales. Si une famille refuse de nous écouter en France, nos collègues prennent le relais. Car certains parents profitent encore des vacances au pays pour faire exciser leurs filles et les ramener tranquillement, échappant ainsi à la loi française. On vérifie les bagages aux frontières, pas les fillettes. Comment faire ?

Il y a aussi des juges, des procureurs qui ont la possibilité de convoquer les parents lorsque l'enfant est née en France et n'est pas encore excisée. C'est notre travail de signaler les cas préoccupants. Je voudrais tant que les petites filles nées en France de parents immigrés, qui ont la chance d'avoir une double culture, soient traitées comme les Françaises de souche, et bénéficient de la même loi, qui ne punit ni tradition ni culture, mais simplement le crime de mutilation. « Tradition, culture ! », c'étaient les seuls arguments des opposants à la loi au début de notre combat militant. Chaque fois que nous débattions de ce sujet à la télévision ou ailleurs, on nous téléphonait pour nous insulter. Aujourd'hui, c'est différent, je suis très heureuse lorsqu'on me dit : « On t'a vue à la télévision, ma sœur. C'est très bien ce que tu fais, continue de te battre, il faut que nous arrêtions ces traditions-là ! »

Mais je ne l'entends que depuis deux ou trois ans...

Je crois que l'excision disparaîtra à l'issue de la bataille, mais que la polygamie résistera plus longtemps. Chose acceptée, chose due !

Au pays, l'homme y regardait à deux fois avant d'abandonner sa femme. Les familles veillaient, toujours capables de « récupérer » la fille qu'elles avaient donnée en mariage. Mais dans l'éloignement, isolée, prisonnière de sa tribu d'enfants et du mari dans une cité, la femme africaine a bien du mal à survivre sans indépendance financière. C'est encore le cas. Beaucoup d'hommes nous affirment : « Je peux nourrir mes enfants sans les allocations familiales ! »

Je me souviens d'une famille où un homme avait eu quinze enfants avec deux femmes. Dix d'entre eux étaient à l'école, et cette école m'avait demandé d'intervenir. Les deux mères m'ont dit à l'époque, c'était en 2002 :

— L'argent arrive sur son compte et, nous, on ne peut pas y accéder, il a pris une partie de l'argent et il est parti en Afrique, voir sa troisième femme. Ça fait trois mois qu'il est là-bas, c'est la rentrée des classes, et on n'a pas d'argent pour les enfants. Ce qu'il a laissé est à peine suffisant pour les trois grands.

Il est facile de faire le compte en multipliant les allocations familiales, et l'aide à la rentrée scolaire, sur dix enfants... Ce mari-là vivait bien dans son village.

Il y a sûrement quelque chose à faire pour empêcher de telles situations. Si encore, profitant de ce système polygame, les maris donnaient à leurs épouses la possibilité de s'instruire, de s'occuper de leurs enfants ! Non, ils sont encore trop nombreux à utiliser cet argent pour s'offrir une deuxième ou une troisième épouse et humilier celle qui était là avant.

Je pense que l'État ne fait pas son travail dans ce domaine. Mais il y a tant et tant à faire pour le droit des femmes dans le monde entier.

En juillet 2003, les pays africains ont signé une convention, dite « Protocole de Maputo », un additif à la charte des Droits de l'homme relatifs aux femmes. C'est un document magnifique qui, s'il est appliqué un jour, verra réellement une amélioration de la condition de vie des femmes africaines. Il affirme l'égalité entre hommes et femmes, condamne la violence faite aux femmes et les pratiques néfastes à leur santé, dont les mutilations génitales et les mariages forcés.

Hélas, certains des pays qui ont signé ce protocole ne l'ont toujours pas ratifié. Il en manque cinq à l'heure actuelle pour son entrée en vigueur, cinq qui réclament de nouvelles modifications, probablement d'exception culturelle... Chacun la sienne, et les femmes resteront soumises, malgré les instances internationales. Or nous, les femmes africaines, refusons catégoriquement que l'on change une virgule au texte signé ! Nous voulons la ratification de tous les pays d'Afrique, sans exception, et d'ailleurs Emma Bonino et d'autres sont en train de mener une campagne de sensibilisation pour que ce protocole soit non seulement ratifié, mais encore appliqué par tous les pays, et surtout ceux qui traînent encore des pieds.

Depuis 2002, j'assure la présidence du réseau européen pour la prévention des mutilations génitales féminines (EuroNet – FGM). La mise en place de ce réseau a été possible grâce à la rencontre organisée en Suède par le Centre international de la santé reproductive et à l'initiative du GAMS en 1997, avec une mise en place qui n'a été possible qu'en 1998, grâce à l'Université de Gand en Belgique, à l'association ATD des femmes somaliennes de Göteborg et aux autorités de l'immigration de la ville. Nous voulons renforcer la coopération des ONG au niveau européen pour accroître notre efficacité et améliorer la santé des femmes immigrées en luttant contre les pratiques traditionnelles qui affectent la santé des femmes et des enfants, et en particulier les mutilations génitales et les mariages forcés et/ou précoces.

Des jeunes filles viennent maintenant militer régulièrement dans nos associations. Et j'espère qu'elles vont prendre le relais, car nous commençons à nous sentir fatiguées d'attendre le bon vouloir des hommes politiques, le bon vouloir des hommes tout court !

Nous sommes les sacrifiées de l'immigration. Nous avons dû étaler nos vies privées au grand jour pour lutter efficacement. Les premières épouses immigrées à subir la violence des maris, et la pression de nos communautés en France. Je parle de la première immigration, la mienne. Pour les cours d'alphabétisation, j'étais parfois obligée d'aller quasiment quémander la permission au mari, pour qu'il laisse ses épouses assister aux cours. Je ne sais par quel miracle, j'ai toujours réussi. Nous avons créé ce réseau dans le but de renforcer la coopération.

C'est ainsi qu'elles peuvent apprendre à se battre à leur tour. À refuser l'excision de leurs filles. Et à réclamer, pourquoi pas, la réparation de leur mutilation. Car c'est désormais possible, grâce à un chirurgien qui a mis au point une technique de chirurgie réparatrice. De plus en plus de jeunes femmes demandent à connaître la normalité d'une vraie vie de femme. Il est difficile pour les femmes européennes de comprendre ce vide, cette absence, qui nous hante. Mais c'est un retour en arrière qui demande une préparation psychologique, avant et après cette opération, pour ne pas revivre une forme de seconde excision. Si l'on oublie quelque temps cette cicatrice, on n'oublie jamais la douleur. Et cette douleur ancienne revient forcément au moment de l'opération, mais cette fois la femme l'a voulu. C'est elle qui a choisi. Je suppose que ce doit être très étrange de retrouver cette partie de son corps disparue.

J'ai rencontré certaines de ces jeunes filles, « reconstituées ».

La première qui s'est confiée aux militantes du GAMS nous a fait éclater de rire. Elle a dit :

— J'ai un clitoris ! Ça marche ! Ça fait vrrr !...

À vingt ans, elle avait un petit copain et la vie devant elle. D'autres ont suivi, d'autres suivront.

Mais gardons-nous de dire qu'avec cette chirurgie réparatrice il n'y a plus de problèmes !

Ce n'est pas la solution. La solution reste l'éradication totale de cette pratique dans le monde. La loi seule ne suffit pas, quand elle existe... elle doit aller de pair avec la sensibilisation, l'éducation.

Au Soudan, alors que la loi l'interdisant a été promulguée dans les années 1940, l'infibulation, la plus dure des mutilations, demeure la torture habituelle des femmes. Nombre de chefs d'État africains reculent devant ce que un des leurs appelle « les réactions émotionnelles de certains chefs religieux, ou groupes minoritaires ». Il a même demandé, lors de la promulgation de la loi, que cette dernière soit appliquée avec discernement tant les résistances sont fortes dans certaines ethnies. Nous avons besoin des religieux et des griots pour apporter la bonne parole et convaincre les mères africaines que la religion n'exige absolument pas ce sacrifice.

Dieu nous a faites ainsi, pourquoi détruire l'œuvre de Dieu ?

Et nous avons besoin des ONG, dans les villages, pour apprendre aux mères à comprendre que la « purification » de leurs filles aura des conséquences tragiques sur leur santé.

Actuellement, les mutilations génitales féminines sont pratiquées dans une trentaine de pays africains, plus particulièrement en Égypte, au Mali, en Érythrée, en Éthiopie, en Somalie...

Les touristes venus contempler les trésors des pharaons savent-ils, par exemple, qu'au Caire il existe encore des officines, tenues par des hommes, où l'excision des petites filles est pratiquée impunément, moyennant finance ? Ces officines ont pignon sur rue !

On estime les victimes à cent quarante ou cent cinquante millions dans le monde. Presque deux fois et demie la population de la France.

Je fus l'une de ces victimes. Mon destin avait pris sa route ce jour-là. L'engrenage était inévitable. Mutilation dans la petite enfance, mariage avant l'adolescence, grossesse avant l'âge adulte, je n'avais jamais connu autre chose que la soumission. C'est ce que veulent les hommes, pour leur plaisir, et ce que perpétuent les femmes, pour leur malheur.

Certaines femmes continuent à dire : « Je l'ai vécu, j'ai été coupée ! Pourquoi pas ma fille ? » Elles croient que leurs filles ne trouveront pas de maris.

Mais je rencontre aussi, dans les villages africains, des grands-mères, de quatre-vingt-dix ans parfois, qui tiennent un autre langage : « Tu sais, ma fille, pourquoi les hommes ont inventé ça ? Pour nous clouer le bec ! Pour contrôler notre vie de femme ! »

Le mot « orgasme » n'existe même pas dans ma langue. Le plaisir d'une femme est un sujet non seulement tabou, mais encore ignoré. Je ne l'avais jamais entendu. La première fois qu'une femme en a parlé devant moi, j'ai couru à la bibliothèque fouiller dans les livres. Et j'ai réellement compris ce qui nous manquait. La mutilation pratiquée dans l'enfance, on veut nous faire croire que nous sommes nées avec. On nous prive de plaisir pour nous dominer, mais pas de désir.

Un être emprisonné physiquement dans une étroite cellule, même menotté et les fers aux pieds, garde la liberté de penser. Son corps est immobilisé, son cerveau est libre.

Je me sentais ainsi, prisonnière dans mon corps de femme, mais libre de penser. Il m'a fallu du temps avant de le comprendre, du temps avant de pouvoir me servir de mon témoignage pour convaincre les autres femmes. Au début, surtout lorsque je devais témoigner dans une conférence, j'étais affreusement gênée. Je songeais : « Je suis la bête curieuse, la bête que tout le monde est venu voir pour savoir comment elle est faite. »

Et je regardais les gens du coin de l'œil, cherchant à deviner ce qu'ils imaginaient, c'était terrible. En quelques secondes, j'avais envie de fuir : « Mais qu'est-ce que je fais là ? Pourquoi je m'expose ? Pourquoi je discute de ça ? Pourquoi moi ? »

Certains posaient des questions parfois très crues et personnelles, en s'adressant à moi directement alors que je parlais sur un plan général.

— Quand vous faites l'amour, qu'est-ce que vous ressentez ?

Il m'arrivait très souvent de ne pas répondre directement à la question ou d'éluder.

— Je ne vous le dirai pas parce que c'est ma vie privée.

J'étais assise, je m'exprimais calmement, avec l'impression d'avoir reçu une douche glacée sur la tête. J'étais mal, j'avais honte, je tremblais. La première fois, en sortant de là, je me suis sentie violée à nouveau d'être obligée d'affronter ça.

Puis je me suis dit : « Réfléchis un peu, tu es en train de militer, tu te bagarres contre tout le monde, tu fais partie de celles qui doivent se sacrifier pour que les autres puissent avancer. Alors ce n'est rien, mets ta pudeur dans ta poche et ton mouchoir par-dessus. Continue. »

Maintenant, je réponds souvent à la tête du « client ».

Si mon interlocuteur est un homme africain :

— Allez voir une femme non excisée et vous me direz la différence, parce que, moi, je ne sais pas...

Si c'est une femme blanche :

— Vous êtes blanche, je suis noire, essayez d'imaginer l'inverse ; je ne peux rien vous dire, je ne l'ai pas vécu, et vous non plus.

Aujourd'hui, ce genre de questions ne nous gêne plus. Nous sommes arrivées à un point de non-retour, il faut avancer, frayer le chemin pour les autres, celles qui prendront le relais.

La seule question à laquelle j'ai toujours du mal à répondre concerne mes enfants. Elle m'a été posée une fois à la télévision.

— Vos filles sont-elles excisées ?

Je l'ai « laissé » faire pour deux de mes filles, et j'ai autorisé la troisième, j'en suis donc responsable. J'aurais pu dire à ma décharge que j'étais trop jeune, ignorante et imprégnée des discours des mères et des grands-mères de mon enfance. Mais ce qui me gênait surtout était de parler d'elles, de révéler leur blessure intime. Je ne m'en sentais pas le droit, par respect pour elles. Mais je ne voulais pas mentir non plus, ce n'est pas dans mon tempérament. J'ai donc répondu oui. Et j'en étais malade.

Mais qui mieux qu'une femme de ma génération – mutilée à sept ans pour être mariée « pure » à l'âge de l'entrée en sixième – pouvait témoigner de la lente réflexion qui s'était imposée à elle, avant d'aboutir sur ce plateau de télévision ? Je devais avoir le courage d'affronter aussi ma responsabilité, je réclamais la transparence sur ce sujet depuis trop d'années, pour refuser de l'affronter personnellement. J'espère du fond du cœur que mes filles me pardonneront de leur avoir fait cela.

Le seul courage que je ne pouvais avoir était de rencontrer un homme et de refaire ma vie. Le lit était toujours un danger.

Depuis mon divorce, et depuis mon mariage même, j'éprouvais pour les hommes une méfiance et un ressentiment tels, proches de la haine, que mes amis me disaient souvent : « Tu deviens acariâtre ! »

C'était une rencontre de hasard, au cours d'un baptême africain célébré entre amis. La quarantaine bien entamée, les cheveux plus blancs que gris, il m'avait remarquée, pas moi, et avait demandé mon numéro de téléphone à une amie organisatrice, qui s'était empressée de le lui confier. Il y avait probablement, de sa part, une sorte de petit piège amical consistant à me pousser hors de ma réserve et de ma solitude. Je vivais seule depuis des années.

Comme cet homme ne vivait pas en France, mais dans le nord de l'Europe, pendant près d'une année il m'a téléphoné de loin, obstinément. Au début, je ne me souvenais absolument pas de lui, je n'avais aucune envie de lui répondre, et le faisais par simple politesse. Puis les conversations amicales se sont succédé, banales, jusqu'au jour où il m'a invitée à venir le voir dans son pays. J'ai éludé, du genre : « On verra, je vous rappelle... » Je n'ai pas rappelé. Une collègue de travail, une de mes « sœurs » blanches, et ma cousine qui vivait à la maison, à qui j'ai raconté cette étrange relation lointaine et téléphonique, assortie de l'invitation, me bousculent un peu :

— Pas question que tu n'y ailles pas ! Sors un peu, bouge-toi, ce n'est qu'un week-end, ça te fera du bien !

Mais il s'agit de prendre le train pour rejoindre, quelque part dans un coin perdu, un homme blanc que je ne connais pas, un inconnu. Qu'il soit blanc n'est pas le problème, c'est un homme, tout simplement. Dans ce cas, je retrouve toutes mes carapaces et m'y enferme. Je fais le gros dos. Mais il rappelle le lendemain.

— Je vous offre le billet de train, c'est mon anniversaire, c'est moi qui invite !

Je me dis alors : « Méfiance... un Blanc qui t'invite et t'offre le billet, qu'est-ce qu'il te veut ? »

Ma collègue de travail insiste en riant :

— Allez, je réserve ta place ! C'est un type bien ! On le connaît ! Il a plein d'amis africains, qu'est-ce que tu risques ?

Un vendredi après-midi, je dis au revoir aux enfants. Ma cousine est là pour s'occuper d'eux. Et je pars à l'aventure. Me voilà assise dans le train ; au premier arrêt, une panne de climatisation ! Je suis dans mon coin, j'attends que le train reparte et, parce qu'un homme s'assied en face de moi, je réalise ce que je suis en train de faire et je panique : « Tu es folle ! Tu vas retrouver un homme que tu n'as jamais vu, et s'il te tue ? S'il te découpe en morceaux ? S'il te brûle dans sa cheminée ? Personne n'en saura rien ! »

J'ignore pourquoi je m'invente un scénario aussi stupide. Mes amies savent où je vais, ma cousine et les enfants aussi, ils ont le téléphone de ce monsieur... Rien à faire. Je m'imagine découpée en morceaux et jetée dans la cheminée... Il faut que je rentre chez moi, que je reprenne un billet pour Paris ! Trop tard, la panne est réparée, le train est reparti.

La nuit commence à tomber. Et plus j'essaie de me rassurer, plus j'ai peur. Impossible de me débarrasser de cette idée idiote. Je vais jusqu'à imaginer « l'après ». Si ma cousine, mes enfants, ma collègue ne me voient pas revenir, ils me chercheront forcément, et l'on découvrira mon corps découpé, calciné, dans la cheminée d'un homme inconnu !

Lorsque le train arrive à la gare, j'ai pris ma décision. « Cette fois, ma fille, tu descends et tu repars dans l'autre sens ! De toute façon, le train a une heure de retard, il n'aura pas patienté, et tu échapperas à cet horrible massacre ! »

Je demande au contrôleur le prochain train pour Paris. Départ dans quarante-cinq minutes. Parfait. Mais le destin ne l'entend pas ainsi. Pas de chance, un homme est là, les cheveux gris, il attend ! Je le détaille comme si je devais décrire plus tard mon assassin ! Tout en me disant : « Ma pauvre fille, tu es folle, une fois qu'il t'aura découpée, ça ne servira à rien ! » Polo rouge, pantalon classique, chaussures d'été en cuir...

— Bonjour, vous avez fait bon voyage ? Le train avait du retard !

Il sourit, il est sympathique, à l'aise, amical ; il prend mon sac, nous nous rendons à sa voiture. Nous allons dîner au restaurant, il fait la conversation à ma place, m'explique qu'il a invité beaucoup d'amis pour son anniversaire, et que demain la maison sera pleine...

Demain, la maison sera pleine, mais, ce soir, nous serons seuls ? Je n'ose pas poser la question, je pense seulement : « Tu es fichue, ma fille, tu ne peux plus lui échapper... »

Nous voilà dans une petite maison, déserte. Je ne suis pas tranquille ! J'offre le cadeau ramené de Paris, et, pour me dire merci, il m'embrasse sur la joue.

Là, quelque chose d'inconnu m'a effleurée, comme un frisson, une sensation bizarre et agréable ; j'ai reculé d'un pas... mais de surprise.

C'était la première fois de ma vie que j'éprouvais cette sensation face à un homme. Et j'étais incapable de mettre un mot sur ce frisson, indéfinissable pour moi.

Malgré cela, je n'ai pas beaucoup dormi, persécutée par l'idée qu'il allait me tuer dans mon sommeil, ou me faire avaler du poison... tout en me disant : « Arrête ! Il t'a donné une chambre, tu peux t'enfermer à clé si tu veux, il est respectueux, c'est de l'enfantillage ! »

C'était bien de l'enfantillage. Peut-être un retour inconscient sur l'ancienne coupure, qui sait... Je ne suis pas familière des théories psychanalytiques.

Le lendemain, la fête battait son plein. J'ai vu arriver tous ses amis, hommes et femmes, des Africains, des gens du Surinam. Il m'a raconté ses voyages, sa passion de la photographie, nous avons dansé et beaucoup ri, jusque tard dans la nuit. Le lendemain, balade en groupe dans les dunes de sable, photos – tout était si simple, si gai et si tranquille aux côtés de cet homme-là.

J'ai repris le train. Il m'a serrée dans ses bras pour me dire au revoir et je n'ai pas éprouvé la moindre répulsion ; au contraire, j'étais bien... Et sur le chemin du retour, je n'ai cessé de rêver comme une gamine. Et depuis, ça dure. J'ai enfin trouvé un homme tendre, respectueux et plein d'humour, large d'esprit, d'une grande gentillesse avec les enfants et qui s'entend parfaitement avec eux. Il s'est glissé dans ma famille et dans ma vie avec une telle facilité que, des années plus tard, j'en suis encore sous le charme.

À l'époque, je travaillais tant à Paris que je n'avais même plus de vie privée ; j'étais prête à changer, à quitter la France, à marcher ailleurs, dans d'autres pays. Je suis une nomade, comme une

Peule, j'ai besoin de bouger. Ma fille aînée dit de moi, quand je lui rends visite : « Tiens, voilà la touriste ! »

Il m'a toujours soutenue et aidée. Il a compris que le militantisme pour moi était plus qu'un devoir, une passion. Il m'arrive d'être loin de lui, pendant des semaines, et il me manque comme je lui manque. Alors, je l'appelle de partout : Rome, Stockholm, Londres, Paris, l'Afrique, l'Asie, New York. Ça dure depuis neuf ans. Et je marche, toujours déterminée, toujours aussi passionnée, jusqu'à cette journée de commémoration aux Nations unies où je représentais, modestement mais fièrement, le combat de notre réseau européen pour la prévention des mutilations génitales féminines.

C'était en février et mars 2005, lors de la 49e session de l'ONU sur le statut de la femme, où se trouvaient près de six mille organisations non gouvernementales. Et lorsque nous avons appris que tous les gouvernements venaient de réaffirmer, sans réserve, l'engagement pris à Pékin dix ans plus tôt pour lutter contre la violence faite aux femmes, nous avons applaudi et crié notre joie, nous, les militantes de base, les petites fourmis laborieuses. Je me sentais sur un nuage, tout allait changer...

Mais le soir, en relisant le discours que je devais faire à Zurich, le lendemain, lors de la conférence organisée par l'Unicef, je suis revenue sur terre et j'ai pleuré.

Toute ma vie a défilé devant moi, comme un film, dont la première partie frisait l'épouvante.

Depuis la première réunion de l'ONU à Mexico, en 1975, époque à laquelle j'arrivais en France, trente années s'étaient écoulées. Combien de femmes avaient souffert depuis, et souffriraient encore ? Combien de femmes devraient se battre comme je l'avais fait ? Dans combien de pays les hommes ignoraient encore ce que l'expression « droits de la femme » veut dire ? Je venais de vivre un grand moment en écoutant tous les beaux discours des hommes politiques. J'aurais voulu alors hurler qui j'étais, et pourquoi j'étais là. Leur crier ma souffrance et ma colère, leur dire d'arrêter les discours et d'aller voir eux-mêmes de près la vie des femmes au nom desquelles ils prenaient encore des décisions qui ne seraient appliquées que dans un demi-siècle... peut-être.

Il m'arrive d'être découragée, épuisée par ce combat interminable, comme il y a trois ans en Italie, où l'on m'a remis un prix pour mon travail de militante, prix que je partageais avec une jeune femme du Bangladesh, brûlée au visage parce qu'elle refusait de se marier. Ce jour-là aussi j'ai pleuré, devant cette femme, de rage, et d'envie de tout laisser tomber, tant la tâche est immense, et la violence des hommes infinie.

Et puis j'ai retrouvé mon courage. À New York comme à Gênes, à Zurich ou ailleurs, j'ai repris la marche, et je marcherai encore. Tant que mes pieds me porteront, ils apporteront le message des femmes africaines torturées et humiliées.

Ma mère ne dit plus que je marche trop. J'espère, je crois, qu'elle est fière de moi. Je lui dédie cet ouvrage, en espérant avoir la force de traduire pour elle chacun de mes mots, sans faiblir.

Je dois la remercier, ainsi que mon père, de m'avoir envoyée à l'école. L'interdiction de penser aurait été pour moi pire que la mutilation physique.

C'est grâce à mon éducation, si mince soit-elle au départ, que j'ai évolué, compris, accédé à l'information, jusqu'à devenir capable de la diffuser moi-même.

Dans certains pays, les imams font un travail d'information religieuse très sérieux, et réfléchi. Le but est de former leurs confrères, car tous ne sont pas des universitaires, et certains ont encore, par ignorance, une lecture erronée du Coran. Or ils sont très respectés par la population, et leur parole en est d'autant plus précieuse.

Avec l'aide des ONG et des autorités sanitaires, certains villages ont renoncé en masse à l'excision. Et ce progrès est déjà considérable, car les villageois savent que, si leurs voisins n'excisent plus leurs filles, ils ne pourront plus marier les leurs.

Je voudrais que ce livre soit pour toutes les femmes africaines un outil de réflexion et non de scandale. Je voudrais qu'il soit traduit et diffusé en Afrique. Hélas, ce souhait me paraît irréalisable pour l'instant. L'Afrique est de tradition orale, il faudra compter sur les griots pour le colporter. Ils ont déjà pris l'initiative de nous aider.

Si j'ai raconté ma vie, tel un griot moi-même, ce n'est pas pour y chanter mes louanges, c'est qu'elle illustre ce combat, cette marche obstinée, qui m'a menée de l'ombre du manguier de la maison familiale aux lumières des organisations internationales. De la mutilation intime et secrète à la lutte au grand jour.

Notre devoir est de dire non, stop à toutes les formes de violence et de mutilation. Il est inacceptable de laisser mutiler des petites filles au nom de traditions ou de cultures, quelles qu'elles soient.

Chaque femme africaine en a maintenant le devoir. À chacune son chemin. Nul n'a le droit de cacher la vérité sur le sexe des femmes africaines. Il n'est ni diabolique ni impur.

Depuis la nuit des temps, c'est lui qui donne la vie.

Je dédie ce livre à ma maman,
À mes grands-parents,
À mes frères et sœurs,
À mes enfants, sans qui je n'aurais jamais eu la force et le courage de me battre,
À mon compagnon.

Je veux remercier tous ceux que j'ai croisés et qui m'ont touchée par leur engagement dans la lutte en faveur de la dignité physique et morale de la personne, des droits fondamentaux et particulièrement ceux de la femme.

Je veux remercier toutes les personnes qui m'ont soutenue de près ou de loin dans mon combat, ainsi que toutes celles et tous ceux qui m'ont aidée pour que ce livre devienne réalité.

Table

RÉSEAU EUROPÉEN POUR LA PRÉVENTION ET L'ÉRADICATION DES PRATIQUES TRADITIONNELLES NÉFASTES À LA SANTÉ DES FEMMES ET ENFANTS EN PARTICULIER LES M G F ET LES MARIAGES FORCÉS ET PRÉCOCES
10 RUE DU MÉRIDIEN 1020 BRUXELLES.
Tel : + 32 495 99 24 27.
E MAIL : reseaueuropeenmgf@hotmail.com

Allemagne
DAFI – Deutsch-Afrikanische FrauenInitiative (Berlin)
Forward Germany – Foundation for Women's Health, Research and Development (Francfort)
INTACT
Terre des Femmes
GTZ (Eschborn)

Angleterre
Community Health Practice (Londres)
Forward UK – Foundation for Women's Health, Research and Development (Londres)
Agency for culture change management
African Well Women Clinic (Londres)
Rainbow (Londres)
Womanbeingconcern Londres
Black Women Health Action and Health Suport Londres.

Autriche
Afrikanische Frauenorganisation Wien (Vienne)

Belgique
GAMS Belgique (Bruxelles)
International Centre for Reproductive Health (Gent).

Canada
Horizon 2000 (Montreal)
Comité Inter Africain Canada (Monteal).

Danemark
Somali Women Organisation Denmark (Copenhague)
Up Front Europe / Somali Women Association Danish Association against FGM
Somali Women Organisation (Aarhus)
WHO Europe (Copenhague)
Somaliland Women Organization

Espagne
Universitad Autonoma Barcelona (Barcelone)
Equis (Barcelone)

Finlande
Suomen Punainen Risti (Helsinky)

France
CAMS
GAMS (Paris)
Women Comission Amnesty International France (Paris)

Irlande
Family Planing Association (Dublin).

Italie
Nosotras (Firenze)
Idil project (Turin)
Aidos (Rome)
ADSOE (Rome)
UNICEF (Firenze)

Norvège
Mira Center (Oslo)
Ressurssenter for Somali Kninnen. (Oslo)

Nouvelle-Zélande
Refugee health education programme (Auckland)

Pays-Bas
Defence for children (Amsterdam)
VON (Utrecht)
FSAN (Amsterdam)
Pharos (Utrecht)
World Population Fund (Hilversum)
Royal Tropical 1 Institute (Amsterdam)

Portugal
Association Munoa (Lisbonne)
Family planning association Portugal (Lisbonne)

Suède
Socialstyrelsen (Stockolm)
Somali Women & Youth *in* Sweden (Malmö)
Risk (Uppsala)

Suisse
WHO (Genève)
UNICEF (Genève)
Comite Inter Africain (Genève)

Faites de nouvelles découvertes sur
www.pocket.fr

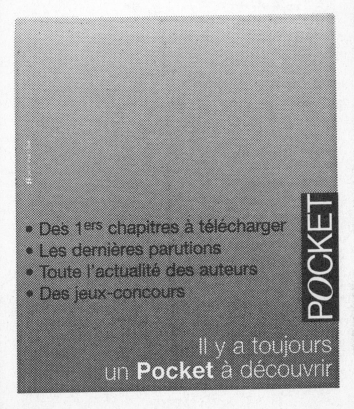

- Des 1ers chapitres à télécharger
- Les dernières parutions
- Toute l'actualité des auteurs
- Des jeux-concours

POCKET

Il y a toujours
un **Pocket** à découvrir

Achevé d'imprimer sur les presses de

BUSSIÈRE
GROUPE CPI

à Saint-Amand-Montrond (Cher)
en septembre 2006

POCKET - 12, avenue d'Italie - 75627 Paris Cedex 13

— N° d'imp. : 61584. —
Dépôt légal : octobre 2006.

Imprimé en France